행복한 엄마 흔들리지 않는 아이

40년 유아 교육자가 말하는,
시대가 바뀌어도 변하지 않는 유아교육의 본질
행복한 엄마 흔들리지 않는 아이

지은이 | 최성모
초판 1쇄 발행 | 2025년 9월 8일
초판 2쇄 발행 | 2025년 11월 3일
발행처 | 국민일보
등록 | 제1995-000005
주소 | 서울시 영등포구 여의공원로 101
전화 | 02-781-9870
홈페이지 | www.kmib.co.kr

값 15,300원

ISBN 978-89-7154-374-0

행복한 엄마
흔들리지 않는 아이

최 성 모 지음

40년 유아 교육자가 말하는, 시대가 바뀌어도 변하지 않는 유아교육의 본질

국민일보

이 책의 이익금 일부는 불우아동을 위해 사용합니다.

| 추천사 |

🌼 **수정교회 담임목사 이성준**

최성모 권사님의 새 책 출간을 축하드립니다. 저자 자신의 평생의 삶이 담긴 이야기를 '자녀 교육'을 주제로 엮어내신 노고에 감사드립니다. 한 사람의 삶은 다음 세대에 남겨줄 지혜의 보고입니다. 저자는 지금껏 체험한 삶의 이야기를 하나도 헛되이 여기지 않았습니다. 유아교육 전문가로서 그 다양한 경험담을 모아서 씨줄과 날줄로 엮어 다음 세대의 엄마들에게 좋은 유산으로 남기고 있기에 이 책을 기쁜 마음으로 추천합니다.

이 책은 어머니의 사명에 대한 강력한 도전을 줍니다. 사람들은 여성으로서 가정을 이루고 자녀를 가지는 것을 자연스럽게 생각합니다. 하지만, 어머니가 된다는 것은 또 다른 차원의 문제입니다. 한 생명을 잉태한 후 그가 홀로서기까지 도와주는 과정은 참으로 매우 곤란한 과정입니다. 저자는 유아교육의 전문가로 수많은 아이와 학부형들을 만나 왔습니다. 그들과 만나 이야기하고 상담하며 교육하는 과정을 통해 어떤 어머니가 자녀에게 가장 좋은 영향을 끼치는지 데이터를 축적해 왔습니다. 그리고 이 책에서 아이의 재능을 발견하고 바르게 키우는 어머니의 사명을 균형감 있게 강조해주고 있습니다.

저자는 또한 앞으로 닥쳐올 시대적 변화를 대비하도록 준비시켜줍니다. 특히, AI가 일으키는 미래의 변화 속에서 디지털 세계를 이길 능력을 갖추도록 도와줍니다. 4차 산업 혁명의 세례를 어릴 적부터 받고 자란 아이들이 인간다움을 잃지 않도록 건강한 인성 교육의 밑그림을 제시해주고 있습니다.

이 책 속에는 리더십을 길러주는 핵심 역량들이 담겨 있습니다. 세상이 아무리 바뀌어도 그 세상을 이끌어 가는 것은 사람입니다. 시류에 이끌려가는 사람이 아니라 분명한 목표를 가지고, 사람들을 이끌어가는 리더십을 갖춘 사람이 필요합니다. 우리 자녀들에게 이런 리더십이 꼭 필요하며, 그 역량은 어릴 때부터 훈련되고 키워져야 합니다. 이 글이 제시하는 일곱 가지 역량은 먼저 부모가, 그리고 아이들이 적절히 훈련해야 하는 주춧돌과도 같습니다.

무엇보다 이 책 안에는 성경이 가르치는 지혜가 담겨있습니다. 성경은 세상을 창조하신 하나님의 지혜와 경륜이 담겨 있는 책입니다. 이 책을 읽고, 듣고 지키는 자에게 어마어마한 복이 약속되어 있습니다. 이 성경책을 가장 오래 간직한 유대인의 교육법에서부터 오랜 교회교육의 역사 속에 담긴 지혜가 풍부하게 녹아 있습니다.

  마지막으로 각각의 장마다 구체적인 적용이 담겨 있음이 돋보입니다. 막연한 이론이나 주장만으로는 절대 사람이 변화되지 않습니다. 작은 것이라도 적용하고 실천해 보아야 내 것이 됩니다. 저자는 평생 유아교육의 현장에서 습득한 수많은 노하우가 있고, 그것을 글로 풀어내는 재주가 있습니다. 이 책은 급변하는 시대 환경 속에 어떻게 자녀를 인도할지 고민하는 학부형과 교회학교 교사들에게 생수와 같고 단비와 같은 역할을 할 줄 믿습니다. 다음 세대 교육의 사명을 가진 모든 분에게 감히 일독을 권해 드립니다.

✼ **주안교회 위임목사 주승중**

  유아교육 현장에서 40년의 긴 세월을 걸어온 최성모 박사의 '행복한 엄마, 흔들리지 않는 아이'는 저자의 생생한 인생 경험과 유아교육 현장 경험을 바탕으로 자녀 양육에 대안적 접근을 모색하는 부모와 교육에 헌신하는 이들에게 깊은 감동과 실천의 동기를 주는 인문학적 지침서입니다.

  저자는 어려운 환경과 시련을 극복하며 끊임없이 노력해 온 자신의 경험을 바탕으로 진정한 자녀 양육과 교육은 엄마의 행복과 자기 성찰을 통한 변화에서 시작된다고 강조합니다. 또한 AI 시대를 살아갈 아이들을 어떻게 양육해야 하는지 글로벌 리더로서 갖추어야 할 역량은 무엇인지에 대해 구체적이고 실천적인 다양한 방법과 조언을 이 책에서 아낌없이 전합니다. 특히 성경적 가치와 우리 전통의 '효' 교육을 통한 인성교육의 통찰은 오늘날 교육현장과 가정에서 놓치고 있었던 교육의 본질을 다시금 되새기게 합니다.

이 책은 세대를 잇는 어머니의 사명과 사랑, 그리고 회복을 일깨워 주는 따뜻한 길잡이로, 유아교육에 종사하시는 선생님, 자녀 양육으로 고민하는 부모, 신앙으로 다음 세대를 길러내고자 하는 그리스도인 등 자녀 양육과 교육에 관심 있는 모든 이들에게 추천해 드립니다.

❋ 두레국제창의력학교 이사장 **김진홍**

'행복한 엄마, 흔들리지 않는 아이'를 추천합니다. 최성모 박사는 평생을 유아교육 특히 유아 영재교육에 헌신하였던 인물입니다. 그가 쓴 첫 번째 책인 '내 아이 행복한 영재로 키우기'는 베스트셀러에 올라 많은 어머니의 공감을 불러일으킨 바 있습니다.

나는 이 책의 원고를 먼저 읽고 체험을 바탕으로 한 깊이에 감탄하였습니다. 이 책은 내 아이를 어떻게 길러야 할지에 대하여 5단계로 나누어 쓰고 있습니다. 한 단계씩 마음을 모아 읽어 나가노라면 내 아이를 어떻게 길러야 할지에 대한 구상이 떠오르게 됩니다.

1장은 먼저 엄마가 행복하여지는 비결을 쓰고 있으며 지금이 바로 행복한 엄마가 되는 출발점임을 강조합니다. 그리고 부모를 바로 모시는 효 교육이 올바른 인성교육의 시작임을 지적하여 줍니다.

2장은 AI 시대에 내 아이를 어떻게 키울 것인가를 주제로 쓰고 있습니다. AI 시대일수록 인간다운 휴머니티를 잃지 않아야 함을 구체적으로 제시하여 줍니다.

3장은 글로벌 시대에 지도자로 자라는데 필요한 7대 역량을 조목조목 일러 줍니다. 그 7대 역량 중에서도 창의적 사고능력을 기르는 일과 사회성을 뒷받침하는 의사소통 역량을 기르는 데에 강조합니다.

4장은 내 아이를 잘 기르기 위하여 엄마가 갖추어야 할 소양을 일러주면서 이스라엘의 교육법인 하브루타 교육을 잘 소개하고 있습니다.

5장에서는 아이를 기르며 엄마 자신이 성장하여 나가는 인문학적 소양을 구체적으로 제시하여 줍니다.

엄마가 행복하여야 아이 역시 행복하여지게 되고 행복한 아이여야 성공하는 인물로 자라날 수 있음을 구체적인 사례를 들며 강조하여 줍니다. 자신의 아이가 행복한 아이가 되고 성공하는 삶을 살기를 원하는 모든 어머니가 이 책을 반드시 읽게 되기를 권하며 추천합니다.

❈ 3P자기경영연구소 독서포럼 나비 총연합회장 **강규형**

저는 저자를 최성모 마스터님이라고 부르지만, 독자들에게는 어떻게 소개해 드려야 할지 모르겠습니다. 최성모 박사님, 원장님, 이사장님, 회장님, 작가님, 권사님, 봉사단장님, 강사님….

'폭삭 속았수다' 주인공처럼 치열한 70여년 삶에 존경의 박수를 드립니다. 무엇보다도 한 분야에 40년 넘게 유아 교육자로 일관되게 살아오신 삶에 더해 나눔과 섬김, 선한 영향력의 표상이 되셨습니다.

저보다 연배가 높으신 누님뻘임에도 깍듯하게 대해 주셨고, 저희 3P자기경영연구소에서 진행하는 거의 모든 교육을 섭렵하고 현장에 철저히 적용해 놀라운 변화와 결과를 만들어 내셨습니다. 그 실행력과 성실함과 부지런함, 치밀함 또한 놀랍습니다.

이 책은 유아 교육 현장에서 울고 웃으며 부딪혀 터득한 40년 교육 내공의 날 것이자 핵심입니다. 자녀교육 무면허 엄마, 아빠뿐 아니라 유아교육 분야에도 꼭 필요한 지침이자 가이드가 될 것을 확신합니다.

펜실베이니아 대학교 와튼스쿨의 최연소 종신교수인 애덤 그랜트가 쓴 '히든 포텐셜'에서는 유아기 교육이 얼마나 중요한지 연구 결과를 소개하고 있습니다.

하버드대 라즈 체티 교수의 연구에 의하면, 유치원에서 경험이 풍부한 교사에게 배운 학생들은 졸업 무렵 산수와 읽기 시험에서 훨씬 높은 점수를 받을 뿐 아니라 학년이 올라갈수록 주도력, 친화력, 자제력과 결의 등이 높이 유지되었다고 합니다. 25세가 될 무렵, 또래 집단보다 훨씬 더 많은 돈을 번다고도 합니다. 20명 학급을 가르치는 평균 이상의 유치원 교사는 평생 32만 달러의 추가 소득만큼의 가치를 지닌다고 합니다.

저는 결혼 13년 만에 얻은 딸을 초등학교 2학년 때 자퇴시키고, 고대의 교육방식인 3학(Trivium)-초등-문법(Grammar), 중등-논리(Logic), 고등-수사(Rhetoric)-을 고전으로 가르치는 고전교육학교에 보냈습니다. 물론 어려서부터 거실을 서재로 만들고 최희수 저자의 '몰입독서' 방식으로 키웠습니다. 책과의 친밀단계(출생~12개월), 놀이단계(13~18개월)를 거쳐 몰입단계(19~36개월)와 독립단계(37~초등)로 넘어가고 독서의 습관과 양이 풍부해지면서 스스로 공부하는 힘을 얻게 됩니다. 그 결과 2025년 9월에 노벨상을 97개나 받은 시카고 대학에 합격해 유학할 예정입니다. 미국 최상위권 대학이라는 명성보다 고전 100권을 읽히는 것에 감동하여 선택했습니다.

저의 교육이나 철학이 최성모 저자님과 다르지 않습니다. 아이들은 가르쳐서 변하지 않습니다. '친절한 성모씨' 책으로 부모가 먼저 공부하시고 보여주면 좋겠습니다. 자녀는 부모의 뒷모습을 보고 자란답니다.

이 책을 펴신 손길을 축복합니다. "공부해서 남을 주자"('독서포럼 나비'의 구호)

한국CBMC중앙회장 **최범철**

'행복한 엄마, 흔들리지 않는 아이'는 단순한 육아서가 아니라, 유아교육의 본질과 부모의 존재론적 성장을 함께 성찰하게 만드는 깊이 있는 교육 인문학서다. 40년간 유아교육 현장을 지켜온 교육학 박사 최성모 이사장은 수많은 부모와 아이들을 만나며 얻은 통찰과 실천 경험을 이 책에 고스란히 담아냈다. 교육자로서의 전문성과 어머니로서의 내면 여정을 진정성 있게 풀어내며, "아이의 행복은 엄마의 내적 성숙에서 비롯된다"는 철학을 책 전반에 깊이 있게 녹여낸다.

이 책은 '자기 돌봄'에서 출발하는 양육의 여정을 디지털 시대의 현실과 정면으로 연결한다. 스마트폰 과의존, 수면 부족, 자연 결핍 등 오늘날 부모가 마주하는 실제적 문제를 섬세하게 짚고, 구체적이며 실천 가능한 대안을 제시한다. 더불어 자기 관리, 창의적 사고, 공동체 의식, 생태감수성 등 7대 역량을 중심으로 한 유아기 교육 방향은 현재 교육 패러다임의 흐름과 긴밀하게 맞닿아 있다.

하브루타 대화법, 감사 훈련, 부부관계 회복 등은 '가정이 곧 아이의 첫 번째 학교'라는 교육 철학을 실천 전략으로 구체화하며, 부모교육 프로그램이나 인성교육 현장에서 곧바로 적용 가능한 콘텐츠로서의 가치를 지닌다. 특히 독서, 책 쓰기, 셀프 리더십을 통해 '아이와 함께 성장하는 부모'로 나아가는 여정은 독자에게 깊은 울림과 실천 의지를 선사한다.

저자는 유대인의 조기교육 철학, 뇌과학, 발달심리학, 한국적 효(孝) 교육, 신앙적 영성을 융합하여 유아기 뇌 발달 민감기와 정서 안정의 중요성을 두뇌 기반 학습전략과 함께 입체적으로 조망한다. 또한 자신의 유년기 결핍과 양육 과정에서의 시행착오, 자녀 교육에서의 내적 성장 이야기를 담담히 풀어내며, 이론을 넘어선 공감과 진정성을 독자에게 전달한다.

'행복한 엄마, 흔들리지 않는 아이'는 부모교육, 인성지도사 양성과정, 교회교육, 하브루타 실천 프로그램 등 다양한 교육 현장에서 폭넓게 응용 가능한 실천적 콘텐츠를 다채롭게 담고 있다. 단지 양육법을 전달하는 데 그치지 않고, "아이를 키운다는 것은 곧 나를 키우는 일"이라는 본질적인 메시지를 통해 오늘날 부모들에게 따뜻한 위로와 새로운 교육적 통찰을 선사한다.

이 책은 엄마로서, 교육자로서의 존재를 다시 바라보게 만드는 귀한 안내서다. 성장하는 부모를 꿈꾸는 이들에게 반드시 전해져야 할 책으로, 많은 독자에게 깊은 감동과 새로운 여정을 열어줄 것이라 믿는다. 또한, 한국CBMC 중앙회 부회장으로 오랫동안 섬김과 헌신을 마음을 담아 추천합니다.

❋ 한국어린이전도협회 인천지회 대표 **유재윤**

최성모 이사장님을 처음 만난 것은 코로나가 한창인 2021년입니다. 중국 선교사로 있다가 비자거절로 선교지에서 철수하여 2020년부터 어린이전도협회 인천지회에서 사역하기 시작했는데 그때부터 코로나 사태가 시작되어 사역에 어려움을 겪고 있었습니다. 할 수 있는 일은 하나님께 어린이들에게 복음을 전할 문들이 열리도록 기도하는 것이었습니다. 그때 어린이들에게 예수님을 전할 수 있는 사람을 찾으시는 최성모 이사장님을 주님께서 만나게 하셨습니다.

코로나로 인해 교회들도 예배를 드리지 못하거나 아주 소수의 사람만 모이는 어려운 시기에 하나님께서 일평생 어린이들의 교육을 맡겨주신 이유가 무엇인가를 말씀하시며 어린이들에게 예수님의 소식을 전할 기회를 함께 찾게 되었습니다. 최성모 이사장님을 만나고 크리스마스를 통해 어린이들에게 진정한 크리스마스의 주인공이신 예수님을 소개할 수 있는 놀라운 문들이 열리게 되었습니다.

이후에 최성모 이사장님을 만날 때마다 이전에 발견 못 했던 새로운 비전에 충만한 모습을 봅니다. 젊은 사람들보다 더 뛰어난 열정과 하나님을 향한 사랑을 발견합니다. 이런 분을 만나 보기는 쉽지 않은데 이번 '행복한 엄마, 흔들리지 않는 아이'를 보면 40년간 많은 어린이에게 희망과 비전을 주는 교육현장의 경험에서 나오는 이사장님의 진심 어린 조언과 함께 이사장님의 비전을 만날 수 있습니다. 또한 급변하는 시대에 어머니들이 자신의 자녀들을 꿈을 이루는 인재로 키울 수 있는 보배 같은 비결들이 들어 있습니다.

바라기는 이 책을 통해 많은 어머니가 어머니로서 가져야 할 소양을 갖출 뿐 아니라 하나님 안에서 자녀들의 꿈을 이루는 축복 된 일이 일어나기를 소원합니다.

❋ 김일태연구소 대표 **김일태**

우리는 모두 처음 엄마가 됩니다. 처음이기에 서툴고, 처음이기에 더 간절합니다. 이 책은 그 서툼 속에서도 매일을 살아낸 당신께 드리는 따뜻한 응원입니다. 저자 최성모 박사는 말합니다. "엄마로서의 꿈도, 내 아이의 꿈도 포기하지 마세요. 반드시, 이뤄질 수 있습니다."

그 목소리는 결코 이론이 아닌, 삶으로 증명된 진심입니다. 69세의 저자는 아직 청춘이라 말합니다. 106세 김형석 교수님처럼, 열정으로 살아가는 김진홍 목사님처럼 우리의 삶도 아직 끝나지 않았고, 오히려 지금부터 빛나야 한다고 믿습니다.

이 책은 육아의 기술을 말하기에 앞서 삶의 본질을 이야기합니다. '지금 이 순간을 어떻게 살아야 후회하지 않을지', '아이를 키우는 나의 하루가 어떻게 나를 성장시키는지'를 묻습니다. 아이를 사랑하는 법, 자신을 돌보는 법, 그리고 가정을 하나의 배움터로 만드는 지혜까지. 이 책은 엄마로, 아내로, 한 인간으로 살아가는 이 시대 모든 여성에게 건네는 진심 어린 편지입니다.

누구보다 따뜻한 동행자가 되어줄 책. 누구보다 인생을 진심으로 축복해주는 작가. 그 믿음과 사랑이 고스란히 담긴 이 책을, 진심으로 추천합니다.

❋ 애터미(주) 대표사업자 **윤영성** 박사

우리의 삶에서 올바른 자녀 교육이라는 문제는 절대 빼놓을 수 없는 핵심 과제 중의 하나입니다. 이것이 성공하면 자녀와 가정이 행복하고 사회와 나라가 행복해질 수 있기 때문입니다.

더구나 요즘은 한두 명의 자녀만 낳아 키우다 보니 자녀들의 꿈을 이루어주고 행복하게 키우고 싶은 부모들의 열망은 그 어느 때 보다도 높은데 정답을 몰라 헤맬 때가 허다한 실정입니다.

지금의 시대를 초뷰카(VUCA) 시대라고 합니다. 이것은 변동성(Volatility) 불확실성(Uncertainty) 복잡성(Complexity) 모호성(Ambiguity)이 극대화된 마치 전쟁터와 같은 시대입니다.

이 책은 이러한 시대를 헤쳐 나가야 할 미래 주인공들의 전인적 발달과 행복을 이루고 무엇보다도 성경적 가치관을 지닌 글로벌 리더로 성장시킬 수 있는 지침과 지혜들이 가득 들어 있습니다.

또한 독실한 믿음으로 유아교육 현장을 선교적 소명의 자리로 여기며, 다양한 사회봉사 활동과 자녀들을 훌륭하게 키운 어머니로서, 이론과 실제를 다 갖추신, 부모님들이 실천 가능한 노하우를 아낌없이 다 나누고 싶어하는 박사님의 사랑이 흠뻑 배어 있습니다.

저 역시 젊은 시절 30여년간 초등교사로 출발하여 중고등을 거쳐 대학에서 강의했던 교육자로서 4남매를 키우고 7 손자 손녀를 두고 있기에 엄마의 행복이 가정의 행복과 자녀의 꿈을 이룬다는 박사님의 소신에 전적으로 공감하기에 기꺼이 추천을 드립니다.

불확실의 시대에 희망과 꿈을 가지고 진정 행복한 자녀로 키우기를 소망하는 모든 부모와 함께 협력하는 교육자들에게 지혜롭고 명쾌한 답이 되기를 간절히 기도하며 추천합니다.

❋ **역량교육연구소 소장 김정권**

어려운 삶 속에서도 역량(Competence)이 뛰어나 성공한 교육자의 자녀교육서입니다. 지식과 통계를 바탕으로 연구 분석한 자료를 뛰어넘어 실제 자녀교육에 적용하기 좋은 자녀교육 방향을 제시하고 있습니다.

프롤로그에 작성된 글과 목차 그리고 작가의 삶을 어느 정도 이해하고 있기에 추천서를 작성하는 동안 본인 또한 설레는 마음이 가라앉지 않습니다. '행복한 엄마 흔들리지 않는 아이'는 읽기 쉬운 자녀 교육서가 아니라 개발도상국에서 세계 최초로 32번째 선진국이 된 대한민국 학부모들이 반드시 읽어야 하는 자녀교육서입니다.

인간이 만들어낸 인공지능(AI)으로 변화된 지능정보사회에 필요한 자녀교육서이자, 2022개정교육과정기반 깊이 있는 교육으로 지식을 뛰어넘어 역량을 가르쳐야 하는 학부모들이 반드시 이해하고 적용해야 하는 자녀교육서입니다.

작가는 교육부가 초·중·고등학교 기간 반드시 함양해야 하는 6대 핵심역량에 유네스코 2050 프로젝트에서 82억 인류에게 가장 먼저 제안하고 있는 생태환경역량을 포함하여 미래를 사회를 살아갈 다음 세대에게 7대 핵심역량을 키워줄 것을 제안하고 있습니다.

'행복한 엄마 흔들리지 않는 아이'가 일반적인 자녀교육서와는 다른 것은 자녀교육 방법만을 설명하는 자녀교육서가 아니라, 올바른 자녀교육을 위해 학부모가 갖추어야 할 다양한 소양에 대하여 제안하고 있다는 것입니다.

5장에서는 선진국이 된 대한민국에서 자녀들을 선진국 국민으로 키우기 위해, 학부모가 먼저 선진국 학부모로서 변화하고 성장할 수 있는 6가지 방법을 설명하고 있습니다. 이러한 내용을 통해 학부모의 삶과 가족, 그리고 자녀가 올바른 방향으로 성장할 수 있는 길을 제시하고 있다는 점에서, 이 시대에 현명한 학부모라면 반드시 읽어야 할 자녀교육서입니다.

Contents

추천사 _ 7
프롤로그 _ 27

1장
엄마가 The 행복해지는 비결
지금이 바로 '골든타임'입니다

'엄마'라는 이름에 담긴 시대의 사명 _ 35
나는 어떤 엄마인가요? –질문이 나를 바꾼다 _ 41
늦지 않았어요, 지금 시작해도 영재가 될 수 있어요 _ 45
아이의 재능을 찾는 첫걸음 –좋아하고 잘하는 것을 발견하세요 _ 51
두뇌를 알면 육아가 수월해집니다 _ 57
유아기의 행동, 태도, 습관이 평생을 결정합니다 _ 69
효(孝) 교육은 인성교육의 첫걸음입니다 _ 75

2장

AI 시대, 내 아이는 어떻게 자라야 할까?
인간다움을 지키는 육아가 필요할 때

일찍 자고 일찍 일어나는 습관이 성공을 만듭니다 _ 87
자연을 사랑하는 아이로 키우는 법 _ 93
책을 좋아하는 아이가 결국 이깁니다 _ 99
여행은 아이의 세계를 넓혀요 −경험은 최고의 교과서 _ 105
글로벌 감각, 어릴 때부터 키워야 합니다 _ 113
스마트폰과 인터넷 노출을 반드시 관리해야 합니다 _ 120
경제교육은 미래 경쟁력입니다 _ 126
신앙은 흔들리지 않는 뿌리가 됩니다 _ 133

3장

글로벌 리더로 자라는 7대 핵심역량
AI 시대, 미래를 여는 아이의 내공

세상을 살아가는 힘 7대 핵심역량 _ 143
첫째, 자기 관리 역량 −스스로 조절하는 힘 _ 147
둘째, 지식 정보 처리 역량 −지혜롭게 선택하고 활용하는 능력 _ 156
셋째, 창의적 사고 역량 −문제를 다르게 보는 시선 _ 161
넷째, 심미적 감성 역량 −아름다움을 느끼는 힘 _ 166
다섯째, 협력적 소통 역량(의사소통 역량) −공감하고 표현하는 능력 _ 170
여섯째, 공동체 역량 −함께 살아가는 세상을 위한 책임감 _ 176
일곱째, 생태 환경 역량 −지구를 생각하는 작은 실천 _ 180

4장

내 아이 잘 키우기 위해 엄마가 갖추어야 할 소양
아이를 키우는 만큼 나도 성장합니다

말의 힘 – 칭찬하고 또 칭찬해요 _ 189
하브루타 대화법 – 질문을 잘하는 아이, 경청으로 성장하는 가정 _ 198
감사하는 가정이 성공과 행복의 해답입니다 _ 208
남편을 세워야 아이가 건강하게 자랍니다 _ 216
집이 최고의 학습공간이 되게 하세요 _ 222
태어나서 10년 동안 먹은 음식이 평생 건강을 결정합니다 _ 229
나눔·봉사·섬김을 실천하며 살아야 진짜 행복합니다 _ 238
초등 3년, 결정적 시기! –13세에 완성되는 유대인의 교육 원칙 _ 243

5장

엄마도 처음이야, 꿈을 향해 출발!
아이를 키우며 나를 성장시키는 인문학적 여정

모든 문제는 나로부터 시작됩니다 –적을 알고 나를 알면 백전백승 _ 251
엄마가 행복해야 아이가 행복합니다 –진짜 행복, 어디서 올까요? _ 258
꿈꾸는 엄마는 멋있다 –당신의 멘토는 누구인가요? _ 265
자기 계발의 최고는 책 쓰기입니다. 책을 꼭 쓰세요! _ 272
셀프리더십(자기경영)이 되면 꿈은 이루어집니다 –함께 성장하고 함께 행복하고 함께 성공하자 _ 280
꿈을 이루는 4가지 균형 잡힌 삶 –일터, 가족, 건강, 배움의 조화가 내 인생을 만듭니다 _ 286

에필로그: 가장 아름다운 동행을 위한 약속 _ 293

| 프롤로그 |

스무 살.
한창 꿈 많고 세상을 향한 설렘으로 가득해야 할 나이에,
나는 치매가 온 엄마의 손을 꼭 붙잡고 서울역에 내렸습니다.
엄마는 평생 나를 원망했습니다.

자신의 인생이 내게 묶여버렸다며,
결국 아버지와의 이별도 내 탓이라며….
더 이상 돌볼 사람이 나밖에 없었기에
서울행 기차에 몸을 실었습니다.

의지할 곳 하나 없던 서울,
무섭고 두려운 마음을 안고 직업소개소 문을 열었습니다.
"엄마랑 같이 머물 수 있는 곳이 있을까요?"
소장님은 안쓰러운 눈으로 우리를 바라보며 찾아보겠다며
말해주셨습니다.

다행히, 저는 이상한 곳으로 팔려가지 않았습니다.
외모가 덜 예뻐서였을까요?
어쩌면 하나님께서 지켜주신 것인지도요.

그렇게 시작된 서울살이.
철공소 50여 명의 식사를 책임지는 조리사로 일하며
눈물과 땀으로 하루하루를 버텼습니다.
산전수전, 공중전까지 다 겪고 나니
지금 저는,
누구보다도 '행복하다'고 말할 수 있는 삶을 살고 있습니다.

지금 이 글을 읽고 계신 사랑하는 어머님,
자녀를 키우며 때론 지치고 때론 외로운 시간도 많으시지요?
하지만 당신, 정말 대단하신 분이에요.
저는 지금 제게 말하고 싶어요.
"성모야, 참 잘했어!"

그 힘든 시절에도 포기하지 않고 살아낸 제가 그러했듯,
어머님이라면 분명히, 저보다 훨씬 더 잘 해내실 수 있습니다.
이 책은 그 응원과 격려를 담아,

엄마로서도, 한 사람의 여성으로서도,
더 단단하게 성장하고 싶은 당신께 드리는
따뜻한 편지입니다.

지금 저는 박사라는 이름으로 불리고,
어린이집 · 유치원 · 학원을 운영하는 이사장이 되었으며,
자녀들도 각자의 삶을 아름답게 살아가고 있습니다.
무엇보다도 감사한 건,
하나님께서 늘 제 곁을 지켜주시고,
지금도 동행해 주신다는 그 믿음입니다.

그래도 누군가 제게 묻는다면,
"지금 가진 걸 다 내려놓고, 다시 스무 살로 돌아간다면?"
주저 없이 이렇게 말할 겁니다.
"네, 돌아가겠습니다."

그 시절엔 서툴렀지만,
지금은 '어떻게 살아야 행복한지' 그 길을 알게 되었으니까요.
그 깨달음을 담아,
이 책을 당신께 드리고 싶었습니다.

이제 당신의 손을 꼭 잡아드릴게요.

엄마로서의 꿈도,
내 아이의 꿈도
포기하지 마세요.
꿈은 반드시 이뤄질 수 있습니다.

사랑하는 어머님,
우리는 젊음의 소중함을 뒤늦게 알게 되곤 합니다.
그러니 지금 이 시간을,
더욱 가치 있고 의미 있게 살아가세요.

저는 이제 69세입니다.
106세 김형석 교수님께서
"70대가 인생의 전성기"라고 하셨듯,
저 역시 그렇게 믿고 살아갑니다.
지금도 활발히 세계를 누비시는 김진홍 목사님처럼,
열정이 있다면, 나이는 숫자일 뿐이니까요.

저 역시 아직 70도 되지 않았습니다.

앞으로의 삶도 청춘처럼 살아갈 것입니다.
오늘도 꿈을 꾸며,
그 꿈을 향해
감사함으로 하루를 시작합니다.

이 책을 이 시대의 아이들을 키우는 모든 학부모님
아이들을 진심으로 사랑하며 살아가시는
원장님과 교사 선생님들,
그리고 무엇보다 사랑하는 저의 가족들에게 바칩니다.

모든 영광은 하나님께 올려드립니다.

엄마라는 이름으로 살아가는
당신의 따뜻한 동행자 축복의 통로,
최 성 모

1장

엄마가 The 행복해지는 비결
지금이 바로 '골든타임'입니다

'엄마'라는 이름에 담긴 시대의 사명 _ 35
나는 어떤 엄마인가요? −질문이 나를 바꾼다 _ 41
늦지 않았어요, 지금 시작해도 영재가 될 수 있어요 _ 45
아이의 재능을 찾는 첫걸음 −좋아하고 잘하는 것을 발견하세요 _ 51
두뇌를 알면 육아가 수월해집니다 _ 57
유아기의 행동, 태도, 습관이 평생을 결정합니다_ 69
효(孝) 교육은 인성교육의 첫걸음입니다_ 75

'엄마'라는 이름에 담긴 시대의 사명

　지금 이 시대 최고의 애국자 그리고 미래의 대한민국을 이끌어 갈 당신은 어머니입니다.
　당신의 어머니는 우리나라가 아직 후진국이던 시절 의식주만 해결해도 다행이라 여기며 살면서 자식만큼은 고생시키지 않겠다고 마음먹고 살아오셨습니다. 그 시절 당신은 개발도상국에서 자랐고, 지금 당신의 아이들은 선진국에서 살아가고 있습니다.
　'새벽종이 울렸네. 새 아침이 밝았네. 우리 모두 일어나~'라는 노래와 함께 일찍 일어나 하루를 시작하고, '잘살아 보세~ 잘살아 보세~ 우리도 한번 잘살아 보세'라는 구호를 외치며 열심히 일한 결과, 우리나라는 70년 만에 선진국 대열에 올랐습니다. 하지만 지금은 연애, 결혼, 출산을 포기하는 '3포 시대'를 지나 주택, 직장까지 포기하는 '5포 시대'에 이르렀습니다. 그런 시대에 포기하지 않고 어머니가 되신 당신, 당신을 다시 한번 축복하고 사랑합니다.
　자동차를 운전하려면 면허증이 필요하고, 머리를 질 민지려 해도 미용 자격증이 필요한데, 아이를 잘 키우는 법은 배우지도 않은 채 어느 날 갑자기 사랑스러운 아이가 세상에 태어났습니다.

누구보다 잘 키우고 싶은 마음은 크지만 현실은 생각대로 되지 않고 좌충우돌합니다. 그 과정에서 아이에게 불안감을 주기도 하고, 반복되는 시행착오로 신뢰가 무너지기도 합니다. "여자는 약해도 엄마는 강하다"고 하지만 엄마도 한 사람의 불완전한 인간이기에 감정에 휘둘려 아이에게 상처를 주기도 하고 마음에 대못을 박기도 합니다.

요즘 엄마들은 다양한 정보와 지식의 홍수 속에 자신의 의견이 강해져서, 매사에 내가 옳다고 생각하여 사춘기 자녀와의 소통이 어려워지는 경우도 많습니다. 반대로 아이가 원하는 것을 다 해주며 풍족하게 키웠는데도 '금쪽이'같은 문제아도 많이 나옵니다. 잘 먹이고 잘 키우는 것 같은데도 ADHD 경계선에 있는 아이들도 점점 늘고 있습니다.

우리 세대는 공부가 하고 싶어도 가난하고 형제도 많아 공부할수가 없었는데 지금 아이들은 적응을 못 해 학교를 그만두는 경우가 많습니다. 대안학교나 홈스쿨링 등을 포함해 학교 밖 청소년이 14만 6천 명에 이르며, 초등학생도 0.7%가 학업을 중단하고 있습니다.

물론, 에디슨처럼 퇴학을 당했어도 가정에서 어머니의 훌륭한 지도로 성공할 수 있습니다. 또한 빌 게이츠처럼 계획된 중단이라면 괜찮겠지요. 그러나 적응하지 못해 자퇴한다면 부모는 걱정이 앞설 수밖에 없습니다.

그렇다면, 개발도상국에서 살아온 내가 선진국에서 살아가는 아이를 어떻게 키워야 할까요? TV가 없던 시절에 살았던 나의 세대, TV 정도 보고 살았던 어머님 세대, 디지털 문화가 너무도 발달한 지금의 세대에 살아가는 아이들, 그 격차를 어떻게 이해하고, 어떻게 교육할 것인가? 열 달 동안 뱃속에 품고 있다가 산고의 고통 끝에 낳은 내 아이, 손가락과 발가락 열 개를 다 갖고 태어나 '응애'하고 울 때는, 그저 건강하기만 하면 더 바랄 게 없겠다고 생각을 했습니다. 하지만 나에게 '어머니'라는 이름을 준 내 사랑하는 아이를 그저 건강하게만 키울 수는 없지요. 건강, 지혜, 인성이 골고루 발달 되어 꿈을 이루고 행복하게 살 수 있도록 키워야 합니다.

지금이 바로 골든타임입니다. 이제 다시 숨을 한번 크게 쉬고 마음을 다잡고 다시 시작해 보세요. 이 책을 끝까지 읽고 나면, 분명히 '아하!' 하고 무릎을 치게 될 것입니다. 하지만 또다시 넘어지거나 포기하고 싶어질 때가 올지도 모릅니다. 그럴 땐 제 손을 잡고, 다시 일어나 함께 시작하면 됩니다.

책을 읽다 보면, 누군가에게 더 잘해주지 못한 게 미안해질지도 모릅니다. 그럴 땐 '미안해요'라고 솔직하게 말해보세요. 그리고 '앞으로 더 노력할게요' 하며 다시 일어나면 됩니다.

성경에는 이렇게 말씀하십니다. '일어나라 빛을 발하라 이는 네 빛이 이르렀고 여호와의 영광이 내 위에 임하였음이니라.'(이사야 60:1) 하나님이 우리를 천하보다 귀하게 왕 같은 제사장으로 하나님의 형상을 닮게 창조하셨습니다. 그래서 우리 두뇌는 광활한 우주까지도 담아내는 크기의 무한한 그릇이며 우리는 그만큼 대단한 존재입니다.

우리 모두에게 공평하게 주어진 자유의지와 시간을 잘 활용하면, 아이를 잘 키워 꿈을 이루어 줄 수 있고 어머니인 당신의 꿈도 이룰 수 있습니다.

엄마가 휴가를 나온다면
—정채봉

하늘나라에 가 계시는 엄마가
하루 휴가를 얻어 오신다면
아니 아니 아니 아니
반나절 반 시간도 안 된다면
단 5분
그래, 5분만 온대도 나는
원이 없겠다.

얼른 엄마 품속에 들어가
엄마와 눈 맞춤을 하고
젖가슴을 만지고
그리고 한 번만이라도

엄마!
하고 소리 내어 불러보고
숨겨 놓은 세상사 중
딱 한 가지 억울했던
그 일을 일러바치고
엉엉 울겠다.

    사랑하는 어머님, 당신에게 단 한 가지는 무엇인가요? 엄마에게 달려가, 그 따뜻한 품에 안겨 엉엉 울어보세요. 세상에서 나를 가장 사랑해주는 사람은 바로 어머니입니다. 혹시 지금은 그렇게 느껴지지 않더라도, 그런 관계가 되도록 조금씩 노력해보세요. 그리고 꼭 기억해 주세요. 적어도 나는, 내 사랑하는 아이에게 그런 엄마가 되어야 합니다.
    기쁠 때나 슬플 때나 "사랑하는 엄마가 내 곁에 있어"라고 느낄 수 있도록 말이에요. 눈에 넣어도 아프지 않을 내 자녀에게 줄 수 있는 가장 위대한 선물은, 바로 당신 자신입니다. 어머니, 당신이 최고의 선물입니다.
    저는 나쁜 계모보다 더 나쁜 친엄마 밑에서 사랑을 받지 못하고 자랐습니다. 그런 저를 동네 사람들이 가여워하며 돌봐줬고 따뜻하게 돌봐주는 교회를 다니며 위로받고 자랐습니다.
    초등학교에 들어가니 선생님들이 "엄마가 신경도 안 쓰는데 잘한다"며 저를 예뻐해 주셨습니다. 학교에 가면 신이 났고, 그 따뜻한 선생님들을 동경하며 어렸을 적 제 꿈은 초등학교 선생님이 되는 것이었습니다.

그러나 어머니는 "여자가 공부를 많이 하면 팔자가 세진다"며 더 이상 학교를 보내주지 않으셔서, 제때 학업을 이어가지 못했습니다. 그런 제가, 2023년 2월 67세의 나이에 박사학위를 받았습니다. 비록 부러워하던 초등교사는 되지 못했지만, 유치원 교사가 되었고 원장이 되었으며, 지금은 이사장이 되어 결국 제 꿈을 이뤘습니다.

사랑하는 어머님 지금부터 시작하면 됩니다. 저는 어머님의 꿈을 이루는 여정을 함께하겠습니다.

나는 어떤 엄마인가요?
―질문이 나를 바꾼다

아이의 첫 번째 선생님은 바로 엄마 아빠입니다. "이것만큼은 닮지 않았으면…" 하고 바라지만, 아이는 부모의 뒷모습을 보며 자랍니다. 어느 날 보면, 닮은 점이 참 많아 깜짝 놀라게 됩니다. 내 아이만큼은 책을 좋아하기를 바라면서 엄마 아빠는 책 한 권 읽지 않는다면 아이도 어느 날 책을 멀리하게 될 가능성이 큽니다. 엄마도 함께 배우고 성장해야 합니다.

아이를 키우다 성장이 멈추면 우리는 놀라 병원을 찾습니다. 성장이 멈췄다는 건 결코 가벼운 문제가 아닙니다. 아이만이 아니라, 엄마 자신도 마찬가지입니다. 정신적, 정서적 성장은 멈추고 있는지, 오히려 부정적으로 퇴보하고 있는 것은 아닌지 나 자신을 돌아봐야 합니다.

나이를 먹으면서 대접받고 싶은데 오히려 무시당하는 느낌이 들고, 자존심 상하는 일이 자꾸 생긴다면 그것은 자존감이 떨어지고 있다는 신호일 수 있습니다. 피부는 칙칙해지고, 뱃살은 나오고, 움직이기 싫어지고, 사람 만나기도 싫어진다면 우울증의 문턱에 가까워지고 있는지도 모릅니다. 가정을 꾸려나가는 것도 아이를 잘 키우는 것도 그리고 내 꿈을 이루는 것도 결국 '나'에게 달려 있습니다.

무엇인가 생각대로 안 된다면 내가 어떻게 살고 있는지 나를 먼저 돌아보세요. 세상 탓, 남편 탓, 환경 탓만 하지 말고 다른 사람과 비교하면서 힘들어하지 마세요. 어제의 나와 비교하면서 어제보다 오늘 조금이라도 나아졌다면 잘살고 있는 것입니다.

세상은 하루가 다르게 변하고 있습니다. 변화에 민감한 바퀴벌레는 3억 5천만 년이나 지나도 살아남았지만, 거대한 공룡은 약 6천 6백만 년 전 멸종하였습니다. 100년 전 미국 뉴욕에서는 마부들이 자동차 출고에 반대하는 시위를 벌였습니다. "자동차 때문에 우리 직업이 사라진다"는 이유였습니다. 지금 보면 말도 안 되는 이야기지만, 당시 마부 입장에서는 절실한 문제였던 겁니다. 혹시 지금 내가 그런 마부처럼 변화를 따라가지 못하고 그 변화의 발목을 잡고 있지는 않은지 살펴봐야 합니다.

어릴 적부터 선생님이 꿈이었던 저는 주산 학원을 운영하게 되었습니다. 진심으로 가르치고 운영하니 점차 잘되기 시작했습니다. 그러던 중 '속셈 학원'이라는 새로운 형태의 학원이 등장했고, 흐름에 맞춰 과감히 주산에서 속셈으로 전환했습니다.

또 유치부 아이들이 많아지자 미술 학원을 열었고, 지금은 유치원, 어린이집을 함께 운영하며 연계 가능한 학원도 함께 운영하고 있습니다. 한 지역에서 40년 동안 한길을 걸으며 성공할 수 있었던 이유는 단 하나 끊임없이 공부하며 시대의 변화를 읽고,

그 변화에 맞춰 나아갔기 때문입니다.

사랑하는 어머님 이제 함께 성장하고 함께 행복하고 함께 성공하는 배에 올라타세요. 부웅~ 이제 출발합니다. 아이들과 함께하는 시간은 길어야 15년에서 20년입니다. 사랑하는 내 아이지만, 평생 함께할 수는 없지요. 유대인은 13세에 성인식을 하고 자녀가 독립적으로 성장할 수 있도록 양육합니다. 우리도 자녀가 스스로 살아갈 수 있도록 독립을 준비시켜야 합니다. 그러기 위해 나는 어떤 엄마인가 알아보아야 합니다.

엄마의 유형은 여섯 가지로 나뉩니다. 헬리콥터형 엄마, 캥거루형 엄마, 엄친아형 엄마, 스노우플로우형 엄마, 나르시시스트형 엄마, 자유방임형 엄마가 있습니다.

① 헬리콥터형 엄마: 자녀의 모든 행동을 세심하게 관찰하고 통제하려는 경향이 있습니다. 자녀가 어려움에 닥칠 때 엄마가 개입하여 문제를 해결하려고 합니다. 이 경우 독립심을 키우기 어렵고 자아존중감이 낮아질 수 있습니다.

② 캥거루형 엄마: 자녀의 정서적 유대감을 중시하며 자녀의 감정을 잘 이해해 줍니다. 항상 곁에 있어 주니 정서적으로 안정감을 느끼지만 지나치게 의존적일 수 있습니다.

③ 엄친아형 엄마: 자녀가 모든 면에서 뛰어나길 바라며 높은 기대를 하고 있습니다. 자녀의 성취를 중요시하며 경쟁을 유도하는 경향이 있으며 과도한 스트레스를 줄 수 있습니다

④ 스노우플로우형 엄마: 자녀가 어려움을 겪지 않도록 모든

장애물을 제거해주려는 경향이 있습니다. 그로 인해 자녀가 문제 해결 능력을 기르기 어려울 수 있습니다.

⑤ 나르시시스트형 엄마: 자녀를 자신의 욕구를 충족시키기 위한 도구로 여기는 경향이 있습니다. 그로 인해 자녀의 정서나 특기 적성을 무시하고 자아존중감을 해칠 수 있습니다.

⑥ 자유방임형 엄마: 자녀에게 자유를 주고 자율성을 강조하는 양육방식입니다. 독립적이고 창의적으로 성장할 수 있으나 규칙이나 책임을 소홀히 할 수 있습니다.

나는 어떤 유형의 엄마일까요? 아이를 키우는 운전대는 바로 내 손에 있습니다. 내가 어떻게 운전하느냐에 따라 우리 아이와 가정의 방향이 정해집니다. 운전대만 잡으면 착하던 남편이 갑자기 화를 내는 모습을 볼 수가 있습니다. 왜 그럴까요? 운전대를 잡는 순간 내 맘대로 할 수 있는 권한이 주어졌는데 방해하는 다른 운전자가 나타나면 화가 나는 겁니다.

운전을 내 멋대로 하다 보면 나 또한 다른 사람들에게 방해꾼이 됩니다. 맡겨준 운전대를 잡고 목표를 향해 나아가며 양보하고 이해하고 함께 가야 우리 모두가 목표에 도달할 수 있습니다. 아이를 평생 책임지려고 하면 엄마도 지치고, 아이도 성장하지 못합니다.

엄마가 어떻게 키우느냐에 따라 자녀의 성장에 큰 영향을 미칩니다. 엄마의 양육 스타일은 자녀의 성격, 자아존중감, 사회적 관계 형성에 중요한 역할을 합니다. 아이와 엄마가 함께 성장하고 함께 행복하고 함께 성공하기를 기대하며 우리 함께 시작해 봅시다.

늦지 않았어요
지금 시작해도 영재가 될 수 있어요

영재란 무엇일까요? 사전에서는 '뛰어난 재주가 있는 사람'을 영재라고 정의합니다. 그렇다면 우리에게도 그런 뛰어난 재주가 있을까요?

성경은 사람을 하나님의 형상대로 창조하셨으며, 천하보다 귀한 존재라고 말씀합니다. 위대한 하나님께서 우리를 만드시고 '보시기에 심히 좋았다'고 하신 것처럼, 우리는 대단하고 특별한 존재로 태어났습니다.

우리의 두뇌는 광활한 우주까지도 담아낼 수 있을 만큼 무한한 가능성을 지닌 그릇입니다. 모두에게 공평하게 주어진 '시간'과 '자유의지'를 통해 두뇌를 확장하여 공부하고 노력하면 누구나 영재가 될 수 있습니다.

저는 매일 아이들이 영재로 성장하길 꿈꿉니다. 그래서 유아들이 미래의 주인공이 되기를 소망하며 미주유치원을 설립했고, 예수님을 닮은 인성과 지혜, 건강을 갖춘 아이들을 기르기 위해 숲속실로암영재 어린이집을 설립하여 운영하고 있으며, 성경 속 다니엘처럼 지혜롭게 자라 리더로 키우고자 다니엘 학원을 시작했습니다. 모든 아이가 영재가 되기를 바라는 마음으로 저희 원의 교육 철학을 이 책을 통해 나누고자 합니다.

성공한 사람들은 타고난 천재였을까요? 학교에서 퇴학당한 에디슨은 "1%의 영감과 99%의 노력"으로 위대한 발명가가 되었습니다. 세계적인 피겨선수 김연아, 수영선수 박태환, 그리고 축구선수 손흥민도 처음부터 영재였던 것은 아닙니다. 손흥민 선수의 아버지는 이렇게 말했습니다. "모든 것은 기본에서 시작합니다. 흥민이가 기본기를 다지는 데 7년이 걸렸습니다. 365일 하루도 쉬지 않았습니다. 방학 때도 친척 집에 놀러 가지 않았습니다. 하루 쉬면 본인이 알고, 이틀 쉬면 가족이 알고, 사흘 쉬면 관객이 압니다."하며 기본을 강조했습니다.

기본을 지키며 꾸준히 연습한 결과, 그는 세계적인 선수가 될 수 있었습니다. 누구든 이렇게 꾸준히 노력한다면 위대한 사람이 될 수 있습니다. 그러나, 단지 '성공'만으로는 충분하지 않습니다.

의사가 되었는데 행복하지 않다면, 그 성공은 무슨 의미일까요? 제가 말하는 영재의 정의는 자기가 좋아하고 잘하는 것을 찾아내어 그 분야의 전문가가 되어 일하는 의미를 깨달아 사람들에게 선한 영향력을 끼치며 행복하게 살아가는 사람입니다. 따라서 좋은 습관과 태도(인성)를 어릴 때부터 뿌리를 내리고 재능과 적성을 찾아내어 아이들이 행복한 영재로 자랄 수 있도록 도와야 합니다.

이제부터 시작입니다. 함께 손잡고 하루하루 최선을 다하며 한 걸음씩 나아가야 합니다.

지금까지 살아온 길을 되돌아보면, 앞서거니 뒤서거니 하며 넘어지고 실패했던 순간도 있었을 것입니다. 하지만 중요한 것은 '누가 먼저 시작했는가'가 아니라, '끝까지 어떻게 가는가'입니다.

한글 먼저 깨우친다고 말 좀 빠르다고 끝까지 똑똑하다고 장담할 수 없습니다. 누가 먼저 집 샀다고 반드시 먼저 부자가 되는 것은 아닙니다. 오늘 하루 행복하게 잘 살아내면 행복한 미래가 다가옵니다. 최고의 자리까지 올라가서 나락으로 떨어지는 사람들을 자주 봅니다. 우리는 그렇게 살지 않기를 바라면서 선진국이 원하는 교육 즉, 지식 교육에 기반이 되는 역량 교육에 힘써 세상을 살아가는 힘을 길러줘야 합니다. 눈앞에 보이는 교육에만 연연하지 말고 역량을 길러줘야 합니다.

'역량'은 어떤 일을 할 수 있는 힘을 의미합니다. 엄마 힘을 빌리지 않고 스스로 할 수 있어야 합니다. 엄마의 도움 없이도 아이가 스스로 살아갈 힘, 그것이 바로 역량입니다. 100세 시대에 어떤 것이든지 할 수 있는 힘을 길러야 합니다. 이 힘이 길러지지 않으면 실패도 성공도 문제가 됩니다. 실패했을 때 넘어져서 더 이상 일어나지 않고 폐인이 되는가 하면 잘 풀려 성공해도 허무하고 공허하여 그 이상으로 나가는 의미를 찾지 못하고 허무함을 달래기 위해 타락한 생활을 하며 무너지기도 합니다. '역량'에 대해서는 따로 심도 있게 다루며 역량 강화를 할 수 있도록 돕겠습니다.

제가 쓴 첫 책 '내 아이 행복한 영재로 키우기'에서 스티브 잡스에 대해 이야기했습니다. 스마트폰으로 세상을 바꾼 스티브 잡스도 마지막엔 외로움과 후회를 안고 세상을 떠났습니다. 우리는 세계적인 인물이 되지 않더라도 요셉처럼 꿈을 꾸고, 그 꿈을 이루고 행복하게 살기를 소망합니다.

제가 가장 좋아하는 성경 속 영재, 요셉을 소개합니다. 요셉은 야곱의 후처의 아들로 태어나 아버지의 편애를 받았고, 그로 인해 형제들의 질투를 받았습니다. 그런데도 요셉은 자존감이 높고 꿈 많은 소년이었습니다. 형들이 비웃고 야단을 쳐도 굴하지 않고 꿈을 꾸고, 그 꿈을 당당하게 말했습니다. 그래서 형들은 그를 "꿈꾸는 자가 오는도다"라며 미워했습니다.

요셉의 첫 번째 장점은 자존감이 높고 꿈을 꾸는 사람이었다는 점입니다. 그는 형들의 미움을 받았음에도 자신을 사랑하고 당당하게 자신의 꿈을 말했습니다. 자존감 있는 태도와 꾸준한 꿈은 결국 그의 인생을 이끄는 힘이 되었습니다. 누구나 자신을 사랑하고 꿈을 꾸면 성공할 수 있습니다.

두 번째 장점은 어떠한 상황에서도 최선을 다했다는 것입니다. 형들에게 팔려 노예가 되었지만, 요셉은 주어진 일에 최선을 다해 주인의 총애를 받으며 최고의 자리에 올랐습니다. 이후 누명을 쓰고 감옥에 갔을 때조차도 불평하지 않고, 감옥 안에서도 죄수들을 돌보고 관리자의 역할을 충실히 감당했습니다. 억울한 상황 속에서도 그는 긍정의 마음으로 사람들을 도왔고, 꿈을 해

몽해주며 신뢰를 쌓아갔습니다.

　세 번째 장점은 어려움 속에서도 변명하거나 원망하지 않고 오히려 사람들을 도왔다는 점입니다. 요셉의 이런 태도는 결국 파라오 왕에게까지 알려졌고, 그는 애굽의 총리가 되어 나라를 다스리게 되었습니다.

　네 번째 장점은 형들을 원망하지 않고 용서했으며 가족과 화해하고 함께 행복하게 살았다는 것입니다. 형들이 과거의 잘못을 두려워했을 때, 요셉은 "두려워하지 마세요. 하나님께서 생명을 구하시려고 나를 이곳에 먼저 보내신 것입니다"라고 말하며 진심으로 형들을 용서했습니다.

　다섯 번째 장점은 자기 삶의 목적, 곧 하나님의 소명을 깨닫고 그 뜻에 순종하며 살았다는 점입니다. 요셉은 어떠한 상황에서도 "왜 이런 일이 일어났을까? 하나님께서 나를 통해 이루고자 하시는 일은 무엇일까?"를 고민하며 하나님의 뜻을 찾았습니다. 그는 자신의 삶이 하나님의 계획안에 있다는 것을 믿고, 그 뜻을 이루는 통로로 쓰임 받았습니다. 심지어 주인의 아내 유혹 앞에서도 요셉은 "나를 믿어주신 주인과 하나님께 죄를 지을 수 없다"며 신의를 지키는 도덕성과 신앙을 보여주었습니다.

　요셉처럼 자신을 사랑하고 꿈을 꾸며, 어떤 상황에서도 역량(지식, 기능, 태도, 가치관)을 갖추고 하나님의 뜻을 따라 살아간다면, 누구나 꿈을 이루고 행복한 영재가 될 수 있습니다.

　도자기는 쓰임에 따라 빚어진 모양대로 사용됩니다. 찻잔은

차를 담고, 꽃병은 꽃을 담고, 항아리는 곡식을 담습니다. 모양이 달라서 쓰임도 다르듯, 사람도 준비된 만큼, 빚어진 대로 쓰임을 받습니다. 우리는 삶 속에서 맡게 되는 역할에 따라 준비된 대로, 빚어진 대로 쓰임 받게 됩니다.

좋은 인성, 지혜, 건강을 갖춘 사람이 되어 요셉처럼 꿈을 이루는 사람, 사람들에게 선한 영향력을 끼쳐 행복한 영재로 살기를 소망합니다.

아이의 재능을 찾는 첫걸음
−좋아하고 잘하는 것을 발견하세요

　내 아이가 어릴 적부터 공만 차고 다닌다든지 곤충을 보면 눈이 반짝이며 좋아한다면 그 아이의 재능을 발견하기가 얼마나 쉬울까요? 그러나 대부분 아이는 그렇게 뚜렷한 관심사를 드러내지 않습니다.
　최소한 초등학교 3학년까지는 내 아이가 무엇을 좋아하고 잘하는지 관찰하며, 4학년부터는 그에 맞는 방향을 잡아줄 수 있어야 합니다. 하지만 그 시기에도 "꼭 이걸 하고 싶어요!"라고 명확하게 말하는 아이는 드뭅니다.
　우리 원은 졸업식에서 유아들이 직접 비전 발표를 하며, 자신의 꿈을 가슴에 품고 당당히 졸업할 수 있도록 이끌고 있습니다. '잘했어!', '멋지다!'는 칭찬 속에 자존감을 키운 유치원·어린이집과 달리, 초등학교에서는 공부 성적으로만 평가받는 환경에 놓입니다. 공부 성적이 원하는 만큼 결과가 나오지 않으면 아이들은 쉽게 자포자기하고 꿈을 잃어갑니다.
　한 반에 20명이 있다면, 아이들 각자의 특기와 장점에 따라 줄을 세우면 모두가 1등이고 영재가 될 수 있습니다. 하지만 학교는 획일화된 기준으로 서열을 매기니, 1등부터 꼴등까지 나뉘게 됩니다. 우리는 아이들을 '넘버 원(Number One)'이 아니라, 세상에 단 하나뿐인 '온리 원(Only One)'으로 키워야 합니다.

'튼튼하게만 자라다오' 하던 엄마도 어느 순간, 아이를 공부 성적으로 판단하게 되고, 함께 불안에 휩싸입니다. 아이는 나름대로 노력하지만, 생각대로 되지 않을 때 좌절하고 방황합니다. 이른바 '무서운 중2'가 되는 것도 이런 과정에서 비롯되지요.

이런 이야기가 있습니다. 세상에 단 두 장밖에 없는 희귀한 우표가 있었습니다. 그 우표를 단 두 명만 가지고 있었습니다. 그중 한 사람이 우표를 비싸게 사겠다며 팔라고 했습니다. 돈도 필요하고 금액도 많이 준다고 하니 팔았습니다. 우표를 산 사람은 사자마자 우표 한 장을 찢어버렸습니다.

모두가 어리둥절 해하자 그는 말했습니다. "이제 이 우표는 세상에 단 하나밖에 없는 우표이니 부르는 게 값입니다." 그 우표는 그 후 2장을 합친 가격보다 훨씬 비싼 가격에 팔렸습니다. 하찮은 종이도 '유일무이'하면 귀해지듯, 우리 아이들 역시 세상에 단 하나뿐인 소중한 존재이기에, 그 가치는 이루 말할 수 없이 귀합니다.

우리가 아이의 장점을 알아보지 못하는 첫 번째 이유는 비교 때문입니다. 세상에 똑같은 사람은 없습니다. 80억 인구 중 단 하나, 나의 아이는 그 자체로 특별한 존재입니다. 저도 때로는 강연가로서 김창옥, 김미경과 같은 유명 강사를 보면서 '저렇게 잘하는 사람들이 있는데 굳이 내가 강의할 필요가 있을까?'라는 생각이 들 때가 있습니다. 그러나 기도하고 생각하며 다시 마음을 다잡습니다. 비교하지 말자. 그들과 나의 다른 점이 있고, 그들의 손이 닿지 않는 곳이 있으며 내가 잘하는 것들이 있음을 생각하면서 다시 힘을 냅니다.

하나님 안에서는 누구나 소중하고 귀한 자녀이고 각자의 소명이 있는 것입니다. 손흥민과 비교하면 내 아이의 축구 실력이 보잘것없게 보입니다. 그러나 중요한 것은 아이가 지금 서 있는 곳에서 시작하는 것입니다. 선 긋는 것이 서툴면 거기서부터 시작하면 되고, 글자를 알면 글자부터 시작하면 됩니다. 한글을 다섯 살에 깨우치든 초등학교에서 깨우치든, 아이의 속도는 문제가 되지 않습니다. 책 쓰기 지도를 하며 느낀 것은 누구나 상처와 트라우마가 있다는 것입니다. 저는 기본기를 가르친 후, 잠재력을 꺼내어 장점을 찾아줍니다. 놀랍게도 어른이 되어서도 자존감이 바닥난 채 살아가는 사람들이 많습니다. 이유는 늘 비교 속에서 살아왔기 때문입니다. 누구나 발견하지 못한 보석이 있습니다.

내 안에 있는 보석을 발견해야 합니다. 그 보석을 발견하려면, 날마다 작은 것이라도 인정하고 칭찬해 주어야 합니다. 예를 들어, 아이가 들을 수 있는 상황에서 시어머니나 남편에게 전화해 이렇게 말해보세요. "어머니 오늘 하은이가 원에서 친구를 도와주고 그림책도 잠잘 때 읽고 잤어요. 설거지도 도와줬답니다. 정말 기특하죠."

아이는 '세상에서 가장 좋은 엄마'가 기뻐하는 행동을 다시 하고 싶어집니다. 아이가 발전하기를 바라는 방향으로 계속 칭찬해 주고 인정해 주면 아이는 부모가 원하는 쪽으로 노력하게 됩니다.

반대로 아이가 엄마가 보고 싶어도 꾹 참고 유치원·어린이집을 다녀왔는데 칭찬보다는 "오늘 울지 않았니?", "무슨 일 있었어?"라고 몰아붙입니다. 또 아이가 용기를 내어 노래라도 부르면 그런 것에는 관심도 보이지 않고 부정적인 것에만 관심을 가지면 아이는 '오늘은 뭘 하다가 울까?'하고 부정적인 일에만 주목하게 됩니다.

노래를 흥얼거리면 "와! 어디서 배웠어? 엄마도 알려줘." 이렇게 반응해 주세요. 아이는 신나게 노래를 배워올 것입니다. 비교하지 마세요. 비교는 어제의 나와 하면서 날마다 성장하는 겁니다.

두 번째는, 내가 좋아하는 방향이 아니라 아이 스스로 좋아하고 잘할 수 있는 방향으로 키워야 한다는 점입니다. 저도 아이 둘을 키우며 많은 시행착오를 겪었습니다. 딸의 장점을 보지 못하고, 내 기대만 앞세워 키운 것이 지금도 미안합니다.

나는 어릴 적 하고 싶은 공부를 제때 못해 공부에 한이 있었습니다. 그래서 아들은 무조건 공부를 잘하기를 바랐고 딸은 피아노, 미술을 잘하기를 바랐습니다. 다행히 아들은 공부를 잘해서 나를 기쁘게 해주고 내 맘에 드는 행동을 많이 했습니다. 그러나 딸은 피아노와 미술보다는 운동과 공연 예술에 관심이 많았습니다. 딸은 생각지도 않은 연예인이 되겠다고 하지를 않나, 운동을 잘해서 달리기 선수로 뽑히지를 않나, 무용을 가르쳐 달라고까지 하니, 그때의 나로서는 참 난감하지 않을 수 없었습니다. 연예인 오디션에 혼자 가서 뽑혔다며 다니게 해달라고 할 때 "그거 학원비 받으려고 모두 뽑아주는 거지 너만 뽑아 준 거 아니야."하며 알아보지도 않고 딸이 하는 말을 무시했습니다.

어느 날은 달리기 선수로 선발되어 전국 대회에 출전한다고 하였는데 엄마에게 묻지도 않고 신청했다며 그런 거친 운동을 여자가 하면 되겠냐며 오히려 혼내주었습니다. 대회를 나갔는데 상을 탔는지 안 탔는지 지금도 기억에 없으며 다시는 하지 말라며 야단만 쳤습니다. 그런 일을 겪으면서 딸은 오빠만 좋아한다며 힘들어하다가 사춘기가 오니까 연예인을 좋아하며 밖으로 돌기 시작했습니다.

결국 딸은 사춘기 때 방황하고, 초등 6학년 때는 집을 나가고 싶다고 말했습니다. 그제야 충격을 받고 저 자신을 돌아보았습니다. "오빠는 편식해서 반찬이 따로 필요했고, 너는 아무거나 잘 먹어서 오빠 위주로 반찬을 한 거지 오빠가 더 좋아서 그런 것은 아니야."라는 식의 변명을 해보지만, 생각해보니 딸을 언제 칭찬을 했는지 기억조차 없었습니다. 이제부터라도 잘해야지 생각하며 "예쁜 딸"이라고 부르기 시작했습니다. 쑥스러웠지만, 그 순간부터 저는 바꾸기로 했습니다.

늦었지만 딸이 하고 싶은 것은 할 수 있게 해주었고 이야기를 들어주며 공감해 주었습니다. 딸은 중학교 내내 사춘기를 보냈습니다. 하지만 포기하지 않고, 딸의 이야기를 들어주고, 하고 싶은 것을 하게 해주었습니다. 그 후 잘 성장하여 딸은 교회에서 워십댄스를 하며 무용을 이어갔고, 결국 전공자도 힘들다는 워십단장까지 하게 되었습니다. 지금은 미국에서 결혼해 잘살고 있습니다. 지금도 생각합니다. 어릴 때 장점을 더 잘 키워줬다면, 더 빛나는 길을 걸었을지도 모르지요.

사랑하는 어머님은 저처럼 시행착오 겪지 마시고 아이가 좋아하고 잘하는 것을 찾아주세요. 우리 아이들은 세상에 단 하나뿐인, 유일무이한 보석 같은 존재입니다. 그러니 매일 작은 것이라도 그 안에 잠재된 능력을 발견하고 끌어내 주시길 바랍니다.

다른 아이들과 비교하지 마세요. 비교는 어제의 나와 하는 것이며, 중요한 것은 매일 조금씩 성장해 가는 우리 아이의 걸음걸음입니다.

두뇌를 알면
육아가 수월해집니다

우리 몸의 어느 한 부분도 소중하지 않은 것이 없습니다. 눈에 병이 생겨 한쪽을 가리기만 해도 매우 불편하지요. 그런데도 가장 중요한 기관을 하나 꼽으라면, 단연 '두뇌'일 것입니다. 신체의 다른 부위가 불편해도 우리는 일도 하고 사람들과 관계를 맺으며 살아갈 수 있습니다. 하지만 두뇌가 손상되어 치매 등이 오게 되면 삶의 기본적인 기능조차 어려워집니다.

우리는 매년 건강검진을 받지만, 뇌 검사는 특별한 문제가 없으면 거의 하지 않습니다. 그만큼 뇌에 관한 관심이 부족한 것이 현실입니다. 책 읽는 것은 눈이 읽는 것 같지만 실제로는 두뇌가 읽습니다. 눈은 글자에 초점을 맞추어 글자가 잘 보이도록 조절하여 시각적 정보를 수집하여 두뇌에 전달하는 '창문'과 같은 역할을 합니다

두뇌는 눈이 수집한 시각적 정보를 두뇌가 해석하고 글자의 의미로 이해하고 문장을 구성하여 내용을 파악합니다. 또한 두뇌는 읽은 내용을 기억하고 이전의 경험이나 지식과 연결하여 새로운 정보를 통합합니다. 읽은 내용에 따라 감정을 느끼며 반응을 결

정합니다. 그래서 책을 읽다가 웃거나 울기도 하지요.

결국 책을 읽는 것은 눈이 아니라 두뇌입니다. 그래서 책을 읽기 전 눈을 감고 이렇게 말해보세요. "두뇌야, 책 잘 읽고 나를 더 지혜롭게 도와줘." 그렇게 시작하면 훨씬 더 집중이 잘 되고 내용도 더 오래 기억됩니다.

아이의 두뇌 발달에 대한 이해는 건강하고 똑똑한 아이로 성장시키는 데 큰 도움이 됩니다. 스케몬의 성장 곡선에 의하면 두뇌는 태어날 때부터 7세까지 80%가 성장하며, 12세까지는 뇌 구조가 최적화되는 시기입니다. 이 시기에 부모가 제공하는 환경과 경험은 아이의 두뇌 발달에 지대한 영향을 미칩니다. 특히 5~7세는 언어의 뇌가 급격하게 성장하는 시기입니다.

워싱턴대학교의 패트리샤 쿨(Patricia kuhl) 교수는 0~7세가 언어 습득의 결정적 시기이며, 이 시기에는 동시에 7개 언어 습득이 가능하다고 하였습니다. 그래서 스위스나 이스라엘에서는 4개 국어를 구사하며 초등학교에 입학하는 아이들도 많습니다. 반면, 한국인은 초등 고학년부터 영어를 배우기 시작하기에 언어의 뇌가 이미 성장을 마친 후라 익히는 데 어려움이 많습니다.

늑대 소년이라고 들어 보셨지요? 늑대 소년 피터는 인도네시아 자바섬에서 1912년 10살 정도에 발견되었는데 이후 아무리 말을 가르쳐도 끝내 말을 하지 못하고 생을 마감했습니다. 구강구조는 정상인과 똑같았지만 언어의 뇌가 끝난 시기에 시도를 하여서 끝내 말을 못 했다고 학자들은 얘기합니다.

두뇌는 약 1,000억 개의 뉴런과 100조 개의 시냅스, 10의 13제곱에 달하는 신경 연결망으로 이루어진, 우주보다 더 복잡한 기관입니다. 두뇌는 유전적으로 고정된 프로그램을 수동적으로 실행하는 컴퓨터가 아닙니다. 환경에 따라 적극적으로 반응하고, 자극에 따라 평생 발달할 수 있습니다.

두뇌는 죽을 때까지 유전자가 허용하는 범위 내에서 끊임없이 변화하며 발달합니다. 결국 두뇌를 더 좋게도, 나쁘게도 만드는 것은 바로 우리 자신에게 달려 있습니다.

음악의 천재 모차르트는 3살부터 음악가였던 아버지의 영향을 받아 음악에 재능을 보여 5살 때부터 본격적인 지도를 받고, 6살부터는 유럽을 순회하며 공연했습니다. 세계적인 피겨스케이팅 선수인 김연아는 7살 때부터 운동을 시작했고 세계적인 선수가 되었습니다. 재능이 있어서 엄마가 일찍 가르친 것이 아니라, 언니를 가르치기 위해 데리고 다니다가 언니가 스케이트 타는 모습을 보며 자연스럽게 흥미를 느끼고 자신도 배우고 싶다는 마음이 생겼다고 합니다.

세계적인 수영선수 박태환은 어린 시절 허약한 체질 때문에 수영을 배우기 시작했지만, 점차 재능을 보여 경쟁 수영에 도전했고, 20세에 금메달을 획득하며 한국 수영 역사상 가장 젊은 금메달리스트 중 한 명이 되었습니다.

이들 모두는 두뇌가 왕성하게 발달하는 시기에 재능을 발견하고 꾸준히 훈련받은 공통점이 있습니다. 결론은 누구나 재능을 발견하여 일찍 시작하면 세계적인 인물까지 될 수 있습니다.

칼비테의 아버지는 '천재는 타고난다.'는 통념을 깨기 위해 특별한 도전을 시작했습니다. 발달 장애가 있는 아들을 위해 그는 지능 발달과 대뇌 활동을 촉진하는 교육을 체계적으로 실시했으며, 올바른 삶의 태도와 가치관 교육에도 중점을 두었습니다. 오늘날로 치면 '역량 교육'을 함께 실천한 셈입니다.

그 결과 칼비테는 세 살에 모국어를 습득하고, 아홉 살에는 여섯 개 국어를 자유롭게 구사할 수 있게 되었습니다. 아버지는 아들의 상태를 있는 그대로 받아들이고, 그 시점부터 최선을 다해 다양한 교육적 접근을 시도했습니다. 이러한 헌신 덕분에 칼비테는 열 살에 라이프치히 대학교에 입학하고, 열세 살에 박사 학위를 취득하는 놀라운 성과를 이루었습니다.

훌륭한 인물 뒤에는 언제나 훌륭한 부모나 스승이 있습니다. 자녀가 세상에 나가 꿈을 이루며 행복하게 살기를 바란다면 지금부터라도 함께 배우며 함께 실천하기를 소망합니다. 국가 정책이나 조기교육을 반대하는 학자들의 말만 믿고 '학교에서 알아서 해주겠지? 때가 되면 하겠지'하며 시기를 놓친 뒤 안타까워하는 부모님들을 많이 보았습니다.

초등학교 4학년이 되면 자기 자아가 뚜렷해지고, 익숙해진 습관대로 살아가기 때문에 이 시기를 지나면 다시 처음부터 새롭게 다잡기가 쉽지 않습니다. 물론 조기교육을 잘못해도 안 되지요. 중요한 것은, 아이가 스스로 동기부여가 되어 '하고 싶다'는 마음이 생길 때까지 기다려주는 것입니다. 욕심이 앞서거나 주입식으로 몰아붙이면, 오히려 아이는 스트레스와 압박감을 느끼며 흥미를 잃고 포기하게 됩니다. 아이의 성향과 개인차를 무시하고 부모의 욕심이나 아쉬움을 아이에게 투영해 좋아하지도 않는 활동을 강요한다면 부작용은 피할 수 없습니다. 이러한 점들을 충분히 감안하여, 두뇌 발달이 활발한 시기에 긍정적인 자극을 주는 것이 무엇보다 중요합니다.

두뇌 교육 전문가 권장희 소장님을 통해 알게 된 우리가 꼭 알고 있어야 할 두뇌에 관한 중요한 사실을 알려드립니다. 두뇌는 다른 두뇌와 연결되고, 조율되며, 확장됩니다. 타인의 두뇌와 건강하게 연결될 때 사회적 존재로서 성공한 삶을 살 수 있습니다.

사람의 가치는 타인과의 관계로만 측정될 수 있다.
−니체

1) 두뇌는 사회적입니다.

아무리 똑똑해도 사회성을 갖추지 못하면 그 지혜는 빛을 잃습니다. 인간은 타인과의 관계 속에서 건강하고 행복하게 살아가는 사회적 존재이기 때문입니다. 예를 들어, 가족을 사랑하더라도 함께 보내는 시간이 하루 1시간도 되지 않을 때가 많지만, 직장에서는 하루 최소 8시간을 함께 지내야 합니다. 아이들 역시 마찬가지입니다. 엄마와 보내는 시간이 하루 5시간이라면, 유치원·어린이집에서는 등원부터 귀가까지는 평균 7시간 정도를 보냅니다.

따라서 사회생활에 잘 적응하지 못하거나 흥미를 느끼지 못하면 행복한 삶을 누리기 어렵습니다. 사회생활이 힘들다고 엄마와만 지내며 살아갈 수는 없습니다. 이처럼 사회적 행동도 기억이나 언어 같은 두뇌의 기능입니다. 두뇌 속 뉴런과 시냅스가 잘 연결되어 발달할 수 있도록 도와주어야 합니다. 사회적 두뇌는 다양한 훈련을 통해 더욱 발달하며, 다른 사람의 행동을 보고 듣고 실제로 경험해보는 과정을 반복하면서 사회성도 함께 자라납니다.

예전에는 사회성이 자연스럽게 길러지는 환경이 있었습니다. 대가족 안에서 할머니, 할아버지, 여러 형제와 함께 살며, 이웃들과도 가족처럼 지내던 시절이 있었고, 마당과 들판 등 자연환경도 가까이 있었습니다. 그러나 지금은 옆집에 누가 사는지도 잘 모르고 형제도 없는 외동이 많으며, 자연을 가까이 접하기도 쉽지 않은 환경입니다. 물질은 풍요로워졌지만, 아이의 사회성을 키우기에는 쉽지 않은 시대가 되었습니다. 그래서 많은 부모가 좋은 교육기관을 찾아 3살부터 어린이집이나 유치원에 보내고, 교회나 다양한 활동을 통해 또래 친구들과 만남을 주선하려는 것입니다

두뇌 성장은 온전함을 위해서 나아가는 과정입니다. 두뇌에 신경을 쓴다고 해서 누구나 아인슈타인이 되는 것이 아닙니다. 중요한 것은 '나다움', 즉 나만의 고유한 가치를 발견하고, 나와 다른 사람들과 조화를 이루며 함께 행복하게 살아가는 것입니다.

두뇌는 기쁠 때 엔도르핀, 세로토닌, 도파민 같은 호르몬이 분

비되어 뇌 회로와 면역 체계를 포함한 신체기관이 최적화됩니다. 반면, 슬픔이나 분노, 우울한 감정을 지속적으로 느끼면 뇌 회로는 역기능을 보입니다. 이런 부정적인 감정이 지속하면, 뇌의 편도체가 과도하게 활성화되어 두려움, 불안, 공포, 불신 등의 감정을 키우고, 이는 결국 우울증으로 이어질 수 있습니다.

현대인에게 스트레스는 많은 질병의 원인이 됩니다. 실제로 우울증 환자들의 뇌를 보면 해마 크기가 평균 14% 줄어든 것으로 나타났습니다. 이로 인해 침울함, 죄책감, 자괴감, 열등감이 생기며, 사고력 저하로 인해 문제 해결 능력도 떨어지고 감정 표현이 무뎌지게 됩니다. 따라서 우리는 두뇌의 건강한 성장을 위해 기분 상태를 방해하는 요소들을 발견하고, 이를 제거하며 개선하고 회복하는 노력이 필요합니다.

2) 감사, 긍정적 사고의 강화는 두뇌를 춤추게 해요.

감사와 긍정적 사고는 BDNF(뇌유래신경영양인자)를 생성하게 하여, 신경세포에 마치 나무가 잘 자라도록 돕는 비료, 거름, 물, 햇살과 같은 역할을 합니다. 놀랍게도, 감사하고 긍정적인 생각을 하는 것만으로도 두뇌의 가소성(변화하고 발달하는 능력)이 촉진된다고 합니다. 우리는 기쁨과 유쾌함을 회복하고 유지하며 살아가는 삶을 지향해야 합니다.

3) 두뇌에 좋은 음식을 섭취해야 합니다.

무엇을 먹느냐가 곧 아이를 만듭니다. 혀가 좋아하는 음식이 아니라 몸에 좋은 음식, 두뇌에 좋은 음식을 먹어야 합니다. 음식에 관련된 내용은 뒤에서 더 자세히 다루겠습니다.

4) 양질의 수면은 두뇌를 새롭게 만듭니다.

음식은 3일 정도 먹지 않아도 큰 문제가 생기지 않지만, 잠을 3일 못 자면 심각한 건강 문제가 발생합니다. 가장 고통스러운 고문 중 하나가 잠을 자지 못하게 하는 것이라는 말도 있습니다. 수면은 두뇌 건강에 매우 중요한 요소이기 때문에, 이 주제는 뒤에서 더 자세히 다루겠습니다.

5) 스마트폰이 우리 아이의 두뇌를 망가뜨리고 있습니다.

미국에 사는 손주는 5학년인데 아직 스마트폰이 없습니다. 손주뿐만이 아니라 주변 아이들 대부분이 마찬가지입니다. 하지만 우리나라에서는 초등학교 1학년 입학 선물로 스마트폰을 사주는 경우가 흔합니다. 물론 스마트폰은 편리한 도구이지만, 부모가 적절히 관리하지 않으면 아이의 두뇌에 독이 될 수도 있습니다. 스마트폰을 통해 끊임없이 자극적인 콘텐츠를 접하고 오락을 즐긴다면 아이의 뇌 속에 오락실을 짓는 것과 다르지 않습니다. 절제 없이 스마트폰 사용이 지속하면 ADHD(주의력 결핍 과잉행동장애)에 노출될 위험도 커집니다.

6) 움직임과 놀이를 통해서 두뇌가 안정적으로 발달해야 합니다.

뇌과학자 와일더 펜필드 박사의 '호문쿨루스(homunculus)' 연구에 따르면, 두뇌의 약 70%가 손, 입, 발과 연결되어 있다고 합니다. 즉, 아이들은 손과 발, 입을 활발히 움직이는 놀이를 통해 두뇌가 건강하게 발달합니다.

반면 스마트폰을 사용할 때는 손, 발, 입이 거의 움직이지 않아 두뇌 활동이 제한됩니다. 이는 마치 아이의 움직임을 묶어놓는 것과 같습니다. 미국 엔터테인먼트 소프트웨어 협회(ESA) 조사에 따르면, 91%의 부모가 자녀의 PC 사용을 모니터링하고 있으며, 86%는 부모 동의하에 사용을 허용하며, 75%의 부모가 자녀의 게임 시간을 통제한다고 하였습니다.

스마트폰의 과다 사용으로 아이들의 두뇌 크기가 실제로 줄어들 수 있다는 연구 결과도 있습니다. 따라서 스마트폰은 될 수 있으면 늦게! 부모님 관리 아래 사용되어야 합니다.

7) 제일 중요한 것은 산책입니다.

아인슈타인, 스티브 잡스, 베토벤, 셰익스피어, 마크 저커버그 등 위대한 인물들도 산책을 즐겼습니다. 동안으로 유명한 이길여 박사 역시 동안과 건강의 비결로 산책을 꼽았습니다.

우리의 두뇌가 가장 필요로 하는 것은 산소와 영양입니다. 산에는 맑고 좋은 산소가 풍부하므로 머리가 맑아지고 창의적인 아이디어가 떠오르는 것입니다. 우리가 가장 많이 섭취하는 것은 바로 '산소'입니다. 그런데 이 산소를 어떻게 마시느냐에 따라 뇌의 상태가 달라집니다.

산에 오르면 눈을 감고 복식 호흡을 해보세요. 코로 깊이 숨을 들이마시며, 맑은 산소가 두뇌 깊숙이 전달되어 머리가 상쾌해지는 모습을 상상해 봅니다. 숨을 내쉴 때는 입으로 천천히 내쉬면서, 배가 자연스럽게 꺼지고 몸속의 나쁜 기운이 함께 빠져나가는 이미지를 그려보세요. 이렇게 열 번 정도 반복하면, 어느새 머리가 맑아지고 기분까지 달라지는 것을 느낄 수 있을 것입니다.

유아기의 두뇌는 신경세포가 급격히 증가하고, 다양한 경험을 통해 신경 간 연결이 활발히 형성되는 시기입니다. 이 시기에 경험하는 모든 것은 두뇌 발달에 중요한 역할을 합니다. 아이의 두뇌를 이해하고 그에 맞는 양육 방법을 실천한다면 부모와 아이 모두에게 더 나은 미래가 열릴 것입니다.

8) 두뇌를 균형 있게 발달시켜주는 것이 중요합니다.

우리 두뇌는 크게 좌뇌와 우뇌로 나뉘어 있으며, 각각의 반구는 서로 다른 기능을 주로 담당합니다. 좌뇌는 언어, 논리, 분석 등의 이성적인 기능을, 우뇌는 직관, 창의성, 감정 등 감성적인 기능을 담당합니다.

어떤 아이는 논리적이고 체계적인 좌뇌형 성향을 보이고, 또 어떤 아이는 상상력과 예술적 감각이 뛰어난 우뇌형 성향을 보이기도 합니다. 아이의 두뇌 유형을 이해하는 것은 그 아이에게 맞는 양육과 교육 방향을 세우는 데 큰 도움이 됩니다. 그러나 더 중요한 것은 한쪽 뇌만 지나치게 자극하는 것이 아니라, 좌뇌와 우뇌의 기능을 통합적으로 활용할 수 있도록 돕는 '전뇌형'으로의 성장을 유도하는 것입니다.

아이의 두뇌 유형 파악하기

아이의 행동과 사고방식을 관찰하면, 좌뇌형인지 우뇌형인지 어느 정도 파악할 수 있습니다.

• 좌뇌형 아이는 말과 글에 능하고, 계획 세우기를 좋아하며, 논리적으로 사고합니다. 문제 해결 시 감정보다는 이성적인 접근을 선호합니다.

• 우뇌형 아이는 상상력이 풍부하고, 예술적 활동을 즐기며, 감정 표현이 자연스럽습니다. 상황을 직관적으로 이해하고 전체적인 흐름을 먼저 파악하려는 경향이 있습니다.

아이의 이런 성향은 그 자체로 장점이며, 강점을 살려주되 반대쪽 두뇌도 함께 자극해주는 것이 균형 잡힌 발달로 이어집니다.

전뇌형으로 성장하도록 돕는 방법

'전뇌형 아이'란 좌뇌와 우뇌를 모두 고루 사용하며, 감성과 이성을 균형 있게 발휘할 수 있는 아이를 의미합니다. 이를 위해 다음과 같은 방법들이 도움이 됩니다.

• 다양한 자극 경험 제공: 논리적인 활동(예: 퍼즐, 수 계산, 글쓰기)과 창의적인 활동(예: 그림 그리기, 음악 듣기, 역할 놀이)을 균형 있게 제공합니다.

• 감정 표현과 대화 격려: 감정을 숨기지 않고 자연스럽게 표현하도록 격려하면서, 감정을 언어로 설명하는 훈련도 함께 합니다.

• 좌우뇌 연결 활동 시도하기: 이야기를 들은 뒤 그 내용을 그림으로 그려보게 하거나, 음악을 듣고 그 느낌을 글로 표현하는 활동은 두뇌 양쪽을 동시에 자극합니다.

• 질문하고 함께 생각하기: 아이에게 생각할 거리를 주고 대

화를 통해 함께 사고를 확장해 나가는 것은 전뇌적 사고력을 기르는 데 큰 도움이 됩니다.

　아이의 두뇌 유형은 고정된 것이 아닙니다. 환경과 경험에 따라 얼마든지 유연하게 변화하고 성장할 수 있습니다. 한쪽 뇌의 강점을 인정하면서도 반대쪽 뇌를 적극적으로 자극하는 양육 태도가, 아이를 감성과 이성을 두루 갖춘 전뇌형 아이로 성장시키는 첫걸음이 됩니다.

유아기의 행동, 태도, 습관이 평생을 결정합니다

"생각이 말이 되고, 말이 행동이 되며, 행동이 습관이 되어 결국 그것이 '나'라는 사람을 만듭니다." 유아기는 인생에서 가장 중요한 발달 단계 중 하나입니다. 이 시기에 형성되는 행동, 태도, 습관은 아이의 전반적인 성장과 발달에 지대한 영향을 미치며, 한 번 형성된 패턴은 평생 지속하는 경향이 있습니다.

왜냐하면 유아기는 뇌가 급속도로 발달하는 시기로, 경험이 곧 뇌의 구조와 기능을 형성하는 재료가 되기 때문입니다. 따라서 유아기에 길러진 긍정적인 습관과 태도는 성인이 된 후에도 소중한 자산으로 작용합니다.

1) 행동의 모델링

유아기는 주변 환경과 성인으로부터 많은 것을 배우는 시기입니다. 특히 부모와 교사의 행동을 관찰하고 모방함으로써 아이들은 사회적 행동을 일으키게 됩니다. 부모가 친절하고 배려하는 태도를 보일 때 아이들은 자연스럽게 그런 행동을 내면화합니다.

반면, 부정적인 행동이 반복될 때 이이는 공격적이거나 비협조적인 성향이 자리 잡을 수 있습니다. 그래서 부모는 언제나 긍정적인 행동의 본보기가 되어야 합니다. 설령 주변에 좋은 롤모델이 없더라도, 어떤 상황에서도 내가 긍정의 태도를 선택하면 아이는 그 안에서 건강하게 자랄 수 있습니다.

술주정뱅이 아버지를 둔 두 아들이 있었습니다. 큰아들은 아버지를 보면서 힘들게 살았지만, "나는 절대 아버지처럼 살지 않겠다"는 굳은 의지를 다지고 훌륭한 사람이 되었습니다. 반면, 둘째 아들은 아버지를 보면서 그대로 닮아 아버지처럼 술주정뱅이가 되었습니다. 같은 환경에서도 어떤 태도를 선택하느냐에 따라 인생은 완전히 달라질 수 있습니다.

저에게는 언니와 동생이 있습니다. 우리는 어린 시절, 남들이 상상도 못 할 고된 시련을 겪었지만, "부모처럼 살지 않겠다"는 굳은 마음으로 각자의 자리에서 긍정적인 선택을 이어가며 잘 살아가고 있습니다.

2) 태도의 형성

유아기는 태도가 형성되는 중요한 시기입니다. 이 시기 아이들은 자신에 대한 태도, 타인에 대한 태도, 그리고 세상을 바라보는 태도의 기초를 배우게 됩니다.

긍정적인 태도는 문제 해결 능력과 대인 관계에 긍정적인 영향을 주며, 이는 성인이 되어서도 지속합니다. 실패를 두려워하지 않고 도전하는 태도를 보인 아이는 성장 후에도 새로운 경험을 두려워하지 않고, 더 많은 기회를 자신의 것으로 만들 가능성이 큽니다. 반면 부정적인 태도를 보인 아이는 어려움에 직면했을 때 쉽게 포기하거나 회피하는 경향이 있습니다.

3) 습관의 형성

유아기는 습관이 형성되는 매우 중요한 시기입니다. 이 시기 아이들은 반복적인 행동을 통해 자연스럽게 습관을 익히며, 그 습관은 평생의 생활 방식에 영향을 줍니다.

정리 정돈을 습관화한 아이는 성장한 후에도 자신의 공간을 깔끔하게 유지하는 경향이 있습니다. 또한 규칙적인 식사와 수면 습관은 건강한 삶을 유지하는 데 필수적인 요소입니다. 이러한 기본적인 습관들은 유아기부터 시작하여 성인이 되어서도 지속적인 영향을 미치며 건강한 삶을 영위하는 데 중요한 역할을 합니다.

저에게도 나쁜 습관 중 하나가 늦게 자는 것입니다. 성공한 사람들의 삶을 살펴보니 대부분이 '아침형 인간'이라는 점을 깨닫고, 새벽 기도를 다니며 고치기 위해 노력했지만 쉽지 않았습니다.

지금도 조금만 긴장이 풀리면 늦게 자는 습관이 다시 찾아오곤 합니다. 한 번 굳어진 습관은 고치기가 매우 어렵습니다. 그래서 더욱, 유아기부터 좋은 습관이 자연스럽게 자리 잡도록 돕는 것이 중요합니다. 좋은 습관은 아이의 미래에 남겨주는 가장 소중한 유산이 됩니다. 좋은 습관이 뿌리내리도록 도와주세요.

4) 정서석 인정감

앞서 언급한 세 가지가 잘 발달하기 위해서는, 무엇보다 유아기의 정서적 안정감이 전제되어야 합니다. 유아기의 정서적 안정감은 평생 정신 건강에 큰 영향을 미칩니다. 안정적인 환경에서 자란 아이는 자신감과 자존감을 형성하고 이는 대인 관계에 긍정적인 영향을 미칩니다. 반면 불안정한 환경 속에서 자란 아이는 불안감, 우울증 등 정서적 문제를 겪을 위험이 큽니다.

따라서 부모, 교육자, 양육자는 아이가 정서적으로 안정감을 느낄 수 있는 환경을 조성하고, 긍정적인 정서적 경험을 충분히 누릴 수 있도록 도와주어야 합니다. 저 역시 돌아보면 안정되지 못한 가정에서 자라 엄마의 사랑을 많이 받지 못했지만, 세상의 모난 돌로 자라지 않을 수 있었던 이유는 아버지의 따뜻한 사랑과 이웃들의 애틋한 관심 덕분이었고, 학교에서는 선생님들의 칭찬과 사랑이 큰 힘이 되어 주었기 때문입니다.

그리고 무엇보다 외롭고 힘들었던 시절에 하나님을 만나고, 하나님을 의지하며 살아온 신앙이 저를 지탱해 주었습니다. 정서적으로 안정된 아이가 건강하고 바른 성인으로 자랍니다. 자라나는 아이들에게 정서적 안정감은 선택이 아니라 반드시 제공되어야 할 기본적인 토대입니다.

5) 평생 학습의 기초

유아기는 호기심이 가장 왕성한 시기로 이 시기에 다양한 경험을 통해 배운 것들은 평생 학습의 기초가 됩니다. 새로운 것을 배우고 탐구하는 태도는 성인이 되어서도 지속하며, 이는 개인의 성장과 직업적 성공에 큰 영향을 미칩니다. 따라서 유아기에 다양한 경험을 제공하고, 실패를 두려워하지 않도록 격려하는 것이 중요합니다. 이러한 태도는 아이가 성장하면서 새로운 도전을 긍정적으로 받아들이고, 스스로 배우는 힘을 길러주는 데 결정적인 역할을 합니다.

아이들의 경험은 반드시 비싼 장난감이나 놀이공원에서만 가능한 것이 아닙니다. 직접적인 체험이 아이들의 호기심을 자극하고 동기를 부여하며, 장기 기억으로 이어지는 데 매우 효과적입니다. 책에서 보는 호랑이와 동물원에서 보는 호랑이 중 어떤 것이 더 기억에 남을까요?

종일 집 안에서만 시간을 보내면 안 됩니다. 엄마가 조금만 생각을 하면 가까운 곳에서도 충분히 체험할 수 있습니다. 아파트 담장, 꽃나무가 있는 곳, 가까운 공원에라도 가면 개미가 기어가고 나비가 날아다니고 꽃이 피어 있습니다. 숲 체험을 갔다가 개미를 발견하면 아이들은 발을 떼지 못하고 한참을 바라보며 이야기합니다.

비 오는 날 지렁이 나오는 거 보기, 물장구치기, 우산 쓰고 걸으며 빗소리 듣기, 햇볕 쨍쨍 내리쬐는 날 밖으로 나가 체험하기, 눈 오는 날 체험, 밤하늘의 별 보기, 마음만 먹으면 멀리 가지 않아도 자연 속에서 할 것들이 너무나 많습니다.

모든 것을 직접 경험할 수는 없기에 책을 통한 간접 체험 역시 중요합니다. 예를 들어 '햇볕 쨍쨍 내리쬐는 날'이라는 책을 읽고 해님과 함께 놀아보세요. '야호! 비 온다' 그림책을 읽고 비 오는 날 체험을 해보세요.

스티븐 스필버그 감독은 어린 시절 아빠와 별을 보며 꿈을 꾸었고, 그 감동을 담아 영화 'ET'를 만들었다고 합니다. 이처럼 평범한 경험 하나가 평생의 꿈과 연결될 수 있습니다.

비싼 옷이나 장난감보다 더 값진 것은 여행과 책을 통한 다양한 경험이며, 이런 직·간접 체험을 통해 쌓은 배경지식이 결국 아이를 글로벌 리더로 자라게 만듭니다.

유아기에 형성되는 행동, 태도, 습관은 평생 지속합니다. 따라서 이 시기에 긍정적인 경험과 환경을 제공하는 것은 아이의 미래에 큰 영향을 미치며 건강하고 꿈을 이루며 행복한 삶을 영위하는 데 필수적입니다.

사랑하는 내 아이가 긍정적인 태도와 습관을 형성할 수 있도록 지속적으로 지원하고 격려해야 합니다. 결국 유아기의 경험은 아이의 인생 전반에 걸쳐 중요한 초석이 되며, 이는 아이가 사회에서 자신 있게 살아가고 행복한 삶을 누리는 데 큰 힘이 될 것입니다.

효(孝) 교육은
인성교육의 첫걸음입니다

"네 부모를 공경하라. 그리하면 네 하나님 여호와가 네게 준 땅에서 네 생명이 길리라." (출애굽기 20:12)

효(孝) 교육은 단순히 부모님께 효도하는 것을 넘어 자녀가 올바른 가치관을 지닌 사회 구성원으로 성장하는 데 중요한 역할을 합니다. 유아기 자녀를 둔 엄마로서 효 교육을 통해 자녀에게 사랑과 존중의 가치를 심어주는 것은 매우 중요합니다.

저는 박사학위 논문을 '성경 7효로 살펴본 유아 HYO 인성 교육 방안 연구'로 쓰면서, 효의 본질과 중요성에 대해 더욱 깊이 이해하게 되었습니다. 대한민국은 '동방예의지국'이라 불릴 만큼 아름다운 전통을 지닌 나라였지만, 현대 사회에서는 도덕성과 기본적인 윤리가 점점 약해지고 있습니다. 심지어 부모를 폭행하거나 살해하는 충격적인 사건들도 발생하고 있습니다.

자녀가 외동아들이고 귀하다 보니, 온 가족이 아이를 오냐오냐하며 키우는 경우가 많습니다. 하지만 그 결과로 나타나는 현실은 금쪽이 아이들의 증가와 더불어, 청소년 자살률이 세계 최고 수준에 이르렀다는 사실입니다.

왜일까요? 의식주만 해결된다고 아이가 행복한 것은 아니기 때문입니다. 자녀에게 바른 가치관을 가르쳐야 합니다. 나도 소중하고, 남도 소중하다는 사실을 배우고, 더불어 살아가는 삶의 태도를 익히게 해야 합니다.

성산대학원대학교를 설립하신 최성규 목사님의 이야기도 큰 감동을 줍니다. 1995년 삼풍백화점 붕괴 사고 당시 많은 인명이 희생되었지만, 유일하게 생존한 세 명의 청년들이 있었습니다. 그들의 공통점은 모두 효자·효녀였다는 사실입니다. 이 사건을 계기로 최 목사님은 "효자와 효녀는 하늘이 돕는다"는 진리를 깨달았고, 성경 속 인물들 또한 효를 실천한 사람들이 축복을 받았음을 다시금 확인하며 '7효 운동'을 시작하게 되었다고 합니다.

효 교육은 유아기부터 시작되어야 하며, 이는 아이의 인성과 삶의 방향을 결정짓는 중요한 기반이 됩니다. 부모를 공경하는 마음은 곧 세상과 타인을 존중하는 마음으로 이어집니다.

7효는

1효 하나님을 아버지로 섬김

2효 부모, 어른, 스승 공경

3효 어린이, 청소년, 제자 사랑

4효 가족 사랑

5효 나라 사랑, 국민 사랑

6효 자연 사랑, 환경 보호

7효 이웃 사랑, 인류 봉사 입니다.

아이 하나 잘 키우는 일이 절대 쉽지는 않습니다. 예전에도 명문가에서는 자녀 교육에 성공하기 위해 좋은 서원을 찾아다니거나, 우수한 가문의 교육법을 배우며 큰 노력을 기울였습니다.

3대, 4대가 함께 살며 이웃사촌이라고 할 만큼 이웃과 친밀하게 소통하며 많은 형제 속에서 자연스럽게 효(인성) 교육이 이루어졌습니다. 대학원 시절 '소학', '중용', '대학'을 공부하면서, 그 옛날에도 자녀 교육이 매우 중요하게 여겨졌음을 느꼈습니다.

특히 '소학'을 보면, 자녀가 스스로 밥을 먹을 수 있을 정도가 되면 예절 교육이 가능하다고 말합니다. 열 살이 되면 학교 기숙사에서 생활하며 배우기 시작하는데, 그 교육의 첫걸음은 '효행'이었습니다.

소학의 내용을 자세히 보면, 제일 중요한 것은 부모에 대한 은혜를 깨우치도록 하고 이를 실천하는 방법과 가정에서의 생활, 예절 등을 때와 장소에 따라서 설명하며 아울러 자식의 도리와 사회에서 생기는 인간관계 및 그 응대, 태도 등의 사회생활, 부모의 역할과 도리 등을 이야기하고 형제애, 스승에 대한 은혜, 어른과 아이의 예절, 교우관계 및 내 몸과 마음에 대한 예절, 즉 구용구사(九容九思) 등으로 구성되어 예부터 자녀 교육과 인성 교육의 뿌리가 이어져 왔습니다.

그렇다면, 왜 지금은 교육에 문제가 많을까요? 그 시작은 일제 식민지 시대입니다. 당시 일본은 조선인이 똑똑하면 저항할 수 있기 때문에 '생각하는 교육'을 제거하고, 답만 외우게 하는 주입식 교육으로 사고 능력을 말살시켰습니다. 이후 산업 사회로 접어들며 대량 생산이 필요한 시대가 되자, 여전히 창의보다는 순응을 강조하는 교육이 이어졌습니다. 전쟁을 겪고 가난하게 살아온 부모 세대들도 자녀에게 인성(태도, 가치관)보다는 지식, 기능을 먼저 우선시하며 교육하곤 했습니다.

"너만 잘되면 엄마는 괜찮아." "너 먹는 것만 봐도 배불러." "공부해서 남 주니?" "다 너 잘되라고 그러는 거야."

그 결과, 인성보다는 성적에 치우친 교육이 이루어졌고, 그로 인해 소통·공감·공동체 의식·문제 해결력이 부족해졌습니다. 그러다 보니 지금은 부모 세대보다 더 나은 삶을 살기 어려운 현실이 되었습니다. 그렇게 자란 세대가 다시 자녀를 키우고 있으니, 지금의 교육이 더 힘들게 느껴지는 것이지요.

이제부터 달라져야 합니다. 개발도상국 시대에 배운 지식이나 기술은 이제 AI가 더 잘 해내고 있습니다. 지금의 아이들은 선진국 수준의 교육과 사고력, 인성 교육 없이는 미래를 기대하기 어렵습니다.

저희 원에서는 매달 '효의 날'을 정해 아이들이 한복을 입고 전통 예절을 배우며 효를 실천하고 있습니다. 매일 아침 명상과 함께 효 인성 교육을 꾸준히 진행하고 있으며, 이를 통해 아이들의 정서와 태도에 긍정적인 변화를 경험하고 있습니다. 공부 잘하고 똑똑하여 좋은 대학 나와도 인성이 부족하고 부모에게 불효한다면, 그 아이도 행복하지 못하고, 부모도 절대 행복하지 않습니다.

효 교육의 필요성을 알고 실천해야 합니다. 유아기는 자녀의 인성이 형성되는 중요한 시기입니다. 이 시기에 효 교육을 통해 부모, 조부모 그리고 주변 사람들에 대한 존중과 사랑을 배우게 해야 합니다. 효 교육은 자녀가 성장하면서 사회적 관계를 맺고 타인을 배려하는 마음을 갖는 데 큰 도움이 됩니다. 또한 효 교육은 가족 간에 유대감을 강화하고 자녀가 긍정적인 정서를 갖도록 도와줍니다.

효 교육은 거창하거나 특별한 활동이 아니라 일상생활 속에서 자연스럽게 이루어질 수 있습니다. 다음은 가정에서 실천할 수 있는 구체적인 방법들입니다.

1) 모범 보이기

자녀는 부모의 행동을 보고 배웁니다. 부모가 조부모를 존중하고 사랑하는 모습을 보여주면 자녀도 자연스럽게 그 모습을 따라 하게 됩니다. 자녀와 함께 조부모님에게 안부 전화를 하거나 작은 선물을 준비하는 모습을 보여주세요.

2) 대화의 중요성

자녀와의 대화는 효 교육의 핵심입니다. 자녀에게 효의 의미와 중요성을 설명하고 왜 부모와 조부모를 존중해야 하는지 이야기해주세요. 또한 자녀가 자신의 감정을 표현할 수 있도록 도와주고 가족에 대한 사랑을 나누는 시간을 자주 갖는 것이 좋습니다.

3) 가족 활동

가족이 함께하는 활동은 효 교육에 큰 도움이 됩니다. 주말에 가족 나들이를 하거나 함께 요리하면서 대화를 나누는 시간을 가지세요. 이러한 활동은 가족 간에 유대감을 강화하고 자녀가 가족을 소중히 여기는 마음을 기르는데 기여합니다.

4) 감사 표현하기

자녀에게 감사의 중요성을 가르치는 것은 효 교육의 일환입니다. 자녀가 작은 일에도 감사의 마음을 표현하도록 유도하세요. 부모가 해준 일에 대해 '감사합니다'라고 말하는 습관을 들이면 자녀는 자연스럽게 감사의 마음을 배우게 합니다.

5) 효 관련 책 읽기

효에 관한 이야기를 담고 있는 동화책이나 그림책을 함께 읽는 것도 좋은 방법입니다. 이러한 책들은 자녀에게 효의 가치를 재미있고 쉽게 전달할 수 있는 매개체가 됩니다.

효 교육은 단순한 의무가 아니라 사랑을 표현하는 방식입니다. 자녀가 효를 배우고 실천하는 과정에는 부모의 지속적인 사랑과 지지가 필요합니다. 자녀가 성장하면서 효의 의미를 깊이 이해하고 이를 실천하는 모습은 부모에게도 큰 감동과 기쁨이 될 것입니다. 유아기 자녀를 둔 엄마로서 효 교육을 통해 자녀에게 사랑과 존중의 가치를 심어주고 건강한 가족 관계를 만들어 나가길 바랍니다.

효 교육은 모든 교육의 시작이며, 자녀가 올바른 가치관을 가지고 성장하는 데 든든한 밑거름이 됩니다. 7효를 마음에 새기고 실천할 때, 자녀는 인성과 지성을 갖춘 글로벌 리더로 자라날 수 있습니다. 7효에 대해서 짧게나마 알아보겠습니다.

1효 하나님을 아버지로 섬김

효의 시작이 하나님 섬김에서 시작해야 하는 이유가 성경에 명확하게 드러납니다. 가장 원초적인 효의 근거를 하늘에 두고 있음을 알 수 있습니다. 하나님은 어버이의 참된 본질이요 표상입니다. 하나님은 우리의 아버지로서 영원히 섬겨야 할 대상입니다. 하늘의 큰 뜻을 품을 때 성공한 거나 실패해도 행복하게 살 수 있습니다.

2효 부모, 어른, 스승 공경

부모, 어른, 스승을 공경함은 후속세대에 영향을 미치는 소중한 인성 교육에 자원이 됩니다. 동서고금을 무론하고 제반 종교와 전통적 문화풍습을 부모 공경을 한가지로 외치고 있습니다. 내 부모를 공경하는 마음으로 남의 부모를 공경함은 물론 어른과 스승 공경함을 교육의 기초로 삼아야 합니다. 선진국이 될수록 이 마음을 잃지 않을 때 큰 인물이 될 수 있습니다.

3효 어린이, 청소년, 제자 사랑

어린이, 청소년, 제자 사랑은 부모, 어른, 스승 공경에 대한 상호 존중의 의미로 이해할 수 있습니다. 어린이와 청소년 그리고 제자들은 우리 사회의 꿈입니다. 그리고 미래를 책임질 소중한 인적지원입니다. 그들을 보호, 지도, 육성할 책임은 어른들에게 있습니다. 나보다 힘이 약하다고 함부로 내하는 것은 선진국의 어른으로서 지향해야 될 과제이며 실천할 때 존경받는 어른이 됩니다. 그들을 사랑으로 품고 가르치며 모두를 나의 자녀처럼 육성한 그 결과는 우리 사회에 희망으로 가득 차게 만들 것입니다.

4효 가족 사랑

가족은 한 가정의 어버이인 부부 그리고 그들의 자녀들로 구성되어 함께 살고 경제적 협력, 사회적 활동 등 구성원 안에 서로 돕고 보호하고 함께 나누는 의무를 갖은 공동체라고 정의합니다. 부부간에는 사랑하고 공경하는 것이 중요하며 영유아에 대한 교육 이전에 부부간, 부모와 자녀 간의 소통이 중요합니다. 이에 대한 이해가 온전할 때 영유아의 인성 보육과 교육이 온전히 이루어져 좋은 인성이 이루어집니다.

5효 나라 사랑, 국민 사랑

가족을 확장하여 이웃과 사회로 본질을 넓혀가면 국가 공동체가 확장되고 공동체의 일원인 우리는 나라를 사랑하는 애국적 관심이 생기게 됩니다. 나라는 사회 단위에서 개인에게 책임이 부여되는 가장 큰 공동체라 할 수 있습니다. 국민의 의무와 책임을 다해야 함은 나의 발전과 나라의 발전을 함께 이루어 내야 할 사명이기 때문입니다.

6효 자연 사랑, 환경 보호

자연은 인간의 소유가 아닙니다. 모든 생명의 터전입니다. 자연이 있기에 사람이 있습니다. 사람도 자연입니다. 그런데 사람들의 이기적인 행동으로 세계적인 환경 오염이 생명을 위협하고 있습니다. 우리의 삶의 터전인 삼천리금수강산을 아름답게 보호하고 보존하는 것은 우리들의 당연한 책무입니다. 다음 세대에게 아름다운 자연을 유산으로 물려줘야 합니다.

7효 이웃 사랑, 인류 봉사

이웃은 서로 가까이에 인접하여 사는 집입니다. 그곳에 사는 사람들과의 관계성을 말합니다. 다음으로 인류란 세계의 모든 사람을 일컫는 것입니다. 이 관계에서는 사랑과 봉사의 중요성을 이야기하지 않을 수 없습니다. 봉사는 나눔이고 섬기는 일이며 나눔은 물질과 함께 마음을 나눠야 하며 섬김에는 자발적인 섬김이 필요합니다.

이웃은 나와 가까운 이웃도 있지만 나라 간의 이웃도 존재하며 국가 간의 의무, 민간교류로 확장되면 인류라는 거대한 집단의 지구촌이라는 공동체가 형성됩니다. 나로 시작되어 세계를 바라보는 안목까지 가야 합니다.

효 교육은 모든 교육의 시작입니다. 7효가 자녀의 삶 속에 잘 자리 잡을 수 있도록 따뜻한 관심을 가져주세요.

2장

AI 시대, 내 아이는 어떻게 자라야 할까?
인간다움을 지키는 육아가 필요할 때

- 일찍 자고 일찍 일어나는 습관이 성공을 만듭니다 _ 87
- 자연을 사랑하는 아이로 키우는 법 _ 93
- 책을 좋아하는 아이가 결국 이깁니다 _ 99
- 여행은 아이의 세계를 넓혀요 −경험은 최고의 교과서 _ 105
- 글로벌 감각, 어릴 때부터 키워야 합니다 _ 113
- 스마트폰과 인터넷 노출을 반드시 관리해야 합니다 _ 120
- 경제교육은 미래 경쟁력입니다 _ 126
- 신앙은 흔들리지 않는 뿌리가 됩니다 _ 133

일찍 자고 일찍 일어나는 습관이 성공을 만듭니다

현대사회에서 일찍 자고 일찍 일어나는 습관은 그 중요성이 더욱 강조되고 있습니다. 바쁜 일상에서 많은 사람이 늦게까지 활동하고 아침에 힘겹게 일어나는 경우가 많습니다. 그러나 이러한 생활 루틴은 두뇌 발달, 건강 그리고 성공적인 삶에 부정적인 영향을 줄 수 있습니다.

1) 수면이 두뇌 발달에 미치는 영향

- 수면의 질 향상: 사람의 뇌는 일반적으로 아침에 가장 높은 집중력을 발휘합니다. 따라서 아침에 중요한 결정을 내리거나 창의적인 아이디어를 구상하는 것이 효과적입니다. 이처럼 귀중한 시간에 잠을 자고 있다면, 하루 중 가장 생산적인 시간을 놓치게 되는 셈입니다.

일찍 자고 일어나는 습관은 규칙적인 수면 패턴을 형성하게 합니다. 충분한 수면은 뇌의 회복과 재생에 필수적입니다. 특히 깊은 수면 단계에서 뇌는 정보를 정리하고 기억을 강화하는 과정을 거칩니다. 이는 학습 능력과 기억력 향상에 결정적인 역할을 하며, 신체기관 중에서도 특히 두뇌는 수면 시간에만 온전히 기능을 회복할 수 있습니다.

- 인지 기능 개선: 연구에 따르면 규칙적인 수면을 취하는 사람들은 문제 해결 능력, 집중력, 창의성 등이 향상된다고 합니다. 특히 일찍 자고 일찍 일어나는 습관은 뇌가 더 맑고 집중된 정신 상태에서 하루를 시작할 수 있도록 도와줍니다.
- 정서적 안정: 충분한 수면은 정서적 안정에도 긍정적인 영향을 미칩니다. 반면, 수면 부족은 스트레스와 불안을 증가시켜 두뇌 기능에 부정적인 영향을 미칠 수 있습니다. 일찍 자고 일찍 일어나는 습관은 정서적 균형을 유지하는 데 도움을 주며, 전반적인 정신 건강을 지키는 데 중요한 역할을 합니다.
- 학습 및 기억력 강화: 수면 중, 뇌는 새롭게 습득한 정보를 처리하고 기존의 기억을 강화하는 과정을 거칩니다. 이 과정은 학습 능력 향상에 직접적인 영향을 미치며, 특히 규칙적인 수면 습관은 기억의 정착과 회상 능력을 더욱 높여 줍니다.

2) 수면이 건강에 미치는 영향

- 수면의 질 향상: 일찍 자는 습관은 규칙적인 수면 패턴을 형성하여 수면의 질을 높여 줍니다. 충분한 수면은 신체 회복, 면역력 강화, 그리고 전반적인 건강 유지에 필수적입니다. 양질의 수면은 하루 동안 소모된 에너지를 회복하고, 각종 질병에 대한 저항력을 높이는 데 중요한 역할을 합니다.
- 정신 건강 개선: 일찍 일어나는 습관은 스트레스와 불안감을 줄이는 데 도움이 되며, 규칙적인 수면은 기분을 안정시키고

정신 건강을 지키는 데 효과적입니다. 특히 충분한 수면은 우울감, 불안감 등의 정신적 문제를 예방하거나 완화하는 데 긍정적인 영향을 미칩니다.

• 생체 리듬 조절: 일찍 자고 일찍 일어나는 습관은 생체 시계를 규칙적으로 유지하게 하며, 이는 호르몬 분비와 신진대사 과정에 긍정적인 영향을 줍니다. 안정된 생체 리듬은 하루 동안 일정한 에너지 수준 유지에 도움을 주고, 전반적인 활력을 높여 줍니다.

3) 수면이 성공에 미치는 영향

성공한 사람들의 공통점 중 하나는 아침형 인간이라는 점입니다. 많은 성공한 인물들은 아침 시간을 운동, 독서, 자기계발에 적극적으로 활용합니다. 애플 CEO의 팀 쿡, 월트 디즈니 CEO 로버트 아이거, 스타벅스 CEO 하워드 슐츠는 새벽 4시 30분에 기상해 운동하고 신문을 읽거나 독서를 하며 하루를 시작합니다. 이들은 건강과 성공을 위한 시간을 새벽에 투자하고 있습니다.

전문가들에 따르면, 새벽 5시부터 8시까지의 시간대는 정신이 가장 맑고 집중력이 높은 시간으로, 같은 시간을 투자해도 3배 이상의 효과를 볼 수 있다고 합니다. 즉, 3시간×3배=9시간의 가치, 하루를 한 번 더 사는 것과 같은 효과를 얻을 수 있는 셈입니다.

학생이라면 이 시간에 공부하여 우등생이 될 수 있고, 신앙인이라면 새벽 예배와 기도를 통해 더욱 축복의 삶을 살 수 있습니다. 일반인이라면 독서, 운동, 자기계발 등으로 하루를 의미 있게 시작하여 행복한 삶을 살 수 있을 것입니다. 또한 아침 시간대는 감정보다는 이성이 주도하는 시간이기에 '오늘 하루 잘 살아야지' 라는 다짐을 하게 됩니다. 반면, 저녁에는 감정이 앞서 '오늘만 놀자', '게임 좀 하자'같은 유혹에 빠지기 쉬운 경향이 있습니다. 이처럼 새벽 시간에 일어나 이성적으로 계획하고 행동하는 사람들이 더 많이 성공하게 되는 것입니다.

제가 아는 지인 한 분도 그런 사례입니다. 그분은 특별히 야망이 있던 분은 아니었지만, 단지 아침잠이 없어서 일찍 일어났던 사람입니다. 어린 시절에는 특별한 목표가 있어서가 아니라, 일찍 일어나니 공부를 하게 되었고, 그 덕분에 우등생으로 학교를 졸업했습니다. 성인이 된 후에는 공무원이 되어 새벽 시간에 책을 읽고 글을 쓰며 자기계발을 이어갔고, 결국에는 교육장이라는 자리까지 오르게 되었습니다.

그분은 일찍 일어나기 때문에 저녁에는 자연스럽게 일찍 잠자리에 들 수 있었고, 특별한 일이 없는 경우는 일찍 퇴근하여 집에 와서 가족과 함께 시간을 보내며 건강한 가정을 이뤘습니다. 아이들 역시 일찍 일어나는 아버지를 닮아 성실한 삶을 살게 되었고, 그 결과 큰아들은 고등학교 교사, 작은아들은 의사가 되어 각자의 분야에서 잘 살아가고 있습니다.

일찍 일어나기 위해서는 무엇보다 먼저 일찍 자는 습관이 선행되어야 합니다. 늦게 자면 저녁 시간에 불필요한 행동을 하게 되는 경우가 많습니다. 야식을 먹거나, 특별한 일이 없는데도 늦게 귀가하거나, TV를 보며 시간을 보내는 일이 흔하지요. 반면, 일찍 자는 습관은 집중력을 높이고, 성장호르몬 분비와 두뇌 발달에도 긍정적인 영향을 줍니다.

저 역시 타고난 체질이 올빼미형이어서 밤을 새우거나, 아침 늦게까지 잠을 자는 것을 즐기며 살았습니다. 하지만 성공한 사람들의 생활 습관을 본받고자 결심하고, 새벽 기도를 작정하고 다니면서 새벽형 인간으로 바뀌게 되었습니다. 바쁜 일상 속에서 낮에는 나만을 위한 시간을 만들기 어렵습니다. 하지만 아무에게도 방해받지 않는 새벽 시간을 내 것으로 만든다면 자기계발, 건강관리, 그리고 하고 싶은 일에 집중할 수 있습니다.

결론적으로 일찍 자고 일찍 일어나는 습관은 두뇌 발달, 건강, 그리고 성공적인 삶에 매우 긍정적인 영향을 줍니다. 충분한 수면을 통해 두뇌의 기능을 최적화하고, 건강을 유지하며, 더 나은 성공적인 삶을 설계할 수 있습니다.

일찍 자고 일찍 일어나는 습관은 단순한 생활 루틴의 변화가 아니라, 더 나은 삶을 위한 중요한 투자라고 할 수 있습니다. 밤의 유혹, 게임 중독 등으로부터 벗어날 수 있는 강력한 방법이기도 합니다. 아이를 키우는 부모라면, 이 습관이 자녀의 인생을 바꿀 수 있는 가장 중요한 생활교육 중 하나임을 꼭 기억하시기 바랍니다. 일찍 자고 일찍 일어나는 습관을 통해, 우리는 더 건강하고, 더 똑똑하며, 더 성공적인 삶을 살아갈 수 있을 것입니다.

그와 내가 다른 점
-작가 미상

내가 자명종을 누르고 이불 속으로 기어들어 갈 때
그는 공원을 산책하며 하루를 설계한다.

내가 두 번째 자명종을 누르고 지겨워할 때
그는 아내와 아침 식사를 한다.

내가 겨우 일어나 치약을 짜고 있을 때
그는 아내의 웃음 띤 인사를 받으며 출근한다.

내가 허겁지겁 집을 나서 콩나물 전철 속에서 땀 흘릴 때
그는 한산한 전철에서 책을 읽고
회사에서 스케줄을 챙기고 있다.

누가 더 꿈을 이루며 성공한 삶을 살 수 있을까요?

자연을 사랑하는 아이로 키우는 법

정원과 도서관을 가지고 있다면
필요한 모든 것을 가지고 있는 것이다.
-키케로

요즘은 대부분 가정에서 자녀가 외동이거나 많아야 두세 명입니다. 그래서 아이는 부모는 물론이고 할머니, 할아버지, 고모, 이모 등 가족 모두의 사랑을 한 몸에 받으며, 집안의 주인공처럼 자랍니다. 아이에게는 비싼 장난감과 옷이 아낌없이 주어지고, 집 안에는 물건이 넘쳐나는 경우도 많습니다.

어느 날 동네 할머니께 전화가 와서 손녀가 다 커서 필요 없는 인형이 있는데 가져가라고 하셨습니다. 찾아가 보니, 인형이 무려 300개나 되어 깜짝 놀랐던 기억이 있습니다. 아무리 비싸고 예쁜 장난감이라도 금방 싫증을 느끼게 됩니다. 장난감뿐만이 아니라 수백만 원을 들여 구입한 전집 책들도 처음엔 잘 보다가 이내 질려버려 전시용으로 남는 경우가 허다합니다.

아이를 데리고 다니다 보면 지나가는 어른들이 "아이고 예뻐라!" 한마디 해줄 때, 그 말 한마디에 부모로서 뿌듯하고, 힘들었던 일도 눈 녹듯이 사라지곤 합니다. 아이가 나의 자랑이고 기쁨이기에 아이에게 사주는 것들은 아깝지 않아 때로는 비싼 옷, 비싼 장난감을 넘치게 사주기도 합니다. 이런 일이 반복되다 보면, 아이는 물건의 소중함을 느끼지 못하고 함부로 쓰거나 쉽게 싫증을 내게 됩니다. 물건이 귀할 때 자란 저는 신발을 하나 사주면 아까워서 바로 신지 못하고 가슴에 품고 있다가 아끼며 신었던 기억이 납니다.

자녀는 나의 소유물도 아니며 내가 못다 이룬 꿈을 대신 이루어 주어 대리만족을 하게 해주는 제2의 나로 생각해서도 안 됩니다. 자녀는 가정을 완전하게 이루기 위한 하나님께서 주신 선물 중에 최고의 선물입니다. 이 선물이 장차 세상에 나가 자신의 꿈을 이루고 행복하게 살아갈 수 있도록, 지금 이 시기에 힘을 길러줘야 합니다. 아이에게 가장 중요한 시기인 지금, 부모의 감정보다는 아이의 미래를 생각하면서 어떤 생각, 말, 행동, 습관을 뿌리내려 줘야 할지 고민하며 아이를 길러야 합니다.

40년간 교육 현장에서 아이들을 가르치며 제가 내린 결론은 자연만큼 좋은 교구는 없다는 것입니다. 자연은 어른들에게도 건강과 행복을 주지만, 아이들에게는 더욱 큰 영향을 줍니다. 그림책에서 본 호랑이와 동물원에서 직접 본 호랑이 중, 어느 쪽이 더 강한 인상을 줄지는 말하지 않아도 알 수 있지요. 직접 체험은 그 어떤 간접 경험도 뛰어넘습니다.

멀리 비용을 들여 떠나지 않아도, 우리 주변에는 늘 자연이 가까이에 있습니다. 아이들은 숲 체험을 나가면 개미 한 마리가 기어가는 것도 그냥 지나치지 않습니다. 멀리 갈 필요 없이 아파트 담장에 꽃나무를 보며 이야기를 나누고, 비 오는 날 우비를 입거나 우산을 쓰고 비를 맞아본다든지, 지렁이나 달팽이를 보고 대화를 나눠보세요. 그 속에서 아이는 호기심 가득한 눈으로 자기 생각을 말하게 됩니다.

집에서도 자연을 가까이 할 수 있습니다. 화분이나 상자 같은 곳에 꽃이나 채소를 심어 기르거나, 동물을 키우는 것만으로도 아이는 생명의 소중함을 배울 수 있습니다. 이런 경험은 사춘기가 와도 오락실이나 게임방이 아니라, 자연과 함께하는 건강한 취미생활로 이어질 수 있습니다. 예를 들어 가족과 함께 등산을 간다든지 하는 좋은 취미 생활을 하겠지요.

저는 아이를 키울 때 일하느라 집에 늦게 귀가할 때가 많았습니다. 엄마가 부재중이지만 아이들만큼은 집에 일찍 귀가하게 하고 싶어서 집에서 강아지, 새를 키웠습니다. 동물들에게 밥을 주고, 청소하고, 목욕시키다 보면 아이들은 자연스럽게 집에 머무르며 따뜻한 애착을 느끼게 됩니다. 이처럼 집안 환경은 아이의 삶에 큰 영향을 줍니다.

우리나라는 감사하게도 가까운 곳에 산이 많습니다. 시간이 날 때마다 산에 가는 것을 강력히 주천합니다. 산에 오르면 숲과 햇살이 전해주는 긍정적인 에너지는 운동을 통한 신체 건강뿐 아니라 두뇌 발달에도 큰 도움을 줍니다.

왜 산에 가면 머리가 맑아질까요? 우리의 두뇌는 양질의 산소와 영양분을 필요로 합니다. 산은 바로 질 높은 최고의 산소가 많은 곳입니다. 푸른 자연을 보며 신선한 공기를 마시고 걷다 보면 머리가 맑아지고, 창의적인 생각과 통찰이 떠오르게 됩니다.

많은 천재들이 산책을 통해 사고의 흐름을 정리하고 새로운 아이디어를 얻었다고 합니다. 아인슈타인은 친구인 괴델과 함께 산책하며 깊은 대화를 통해 아이디어를 교환하고 새로운 통찰을 얻었다고 합니다. 철학자 니체는 산책을 통해 사색의 시간을 가지면서 철학적 사유를 정리했습니다. 스티브 잡스도 회의나 아이디어 논의를 산책 중에 즐겼다고 알려져 있습니다.

푸른 자연을 바라보며 신선한 산소를 마시며 걷다 보면, 두뇌가 맑아지고 활력이 생겨 창의적인 생각이 떠오르기 쉽습니다. 그 외 많은 천재들은 산책을 단순한 운동을 넘어, 사고의 흐름을 원활하게 하고 새로운 아이디어를 떠올리는 데 도움이 되는 중요한 활동으로 여겼습니다.

이처럼 아이들이 자연을 좋아하는 환경을 가정과 교육기관에서도 함께 만들어 줘야 합니다. 요즈음 '지구가 아프다'는 이야기 들어보셨지요? 우리가 후손들에게 건강한 자연환경을 물려주기 위해서라도, 지금의 환경 문제에 관심을 가져야 합니다.

기후 변화, 생물 다양성의 감소, 오염, 자원 고갈, 플라스틱 문제, 자연재해의 증가는 우리의 삶을 심각하게 위협하고 있습니다. 우리 원에서는 탄소중립 실천을 위해 1년 프로그램을 기획하여 자연을 사랑하고 자연을 지키는 교육 활동을 운영하고 있습니다.

　가정에서도 에너지 절약, 재활용, 가까운 거리는 걸어 다니기, 친환경 제품 구매 등 작은 행동들이 모이면 지구를 살리고 다음 세대에 좋은 자연을 물려주는 길이 될 것입니다. 물론 세상의 모든 것을 아이가 직접 체험하는 것은 불가능합니다. 하지만 책은 간접적으로 체험을 할 수 있는 너무나 훌륭한 도구입니다.

　간접 체험을 통해 세상과 자연을 만날 수 있도록, 아이가 자연을 좋아하게 도와주는 좋은 그림책들을 함께 소개하니, 가정에서도 함께 활용해 보시기 바랍니다. 피터 스피니의 '야호! 비 온다'는 글자 없이 오직 그림만으로 이야기를 전하는 그림책입니다. 유치원·어린이집에서는 비가 오는 날 귀가 지도가 쉽지 않습니다. 아이들이 비를 맞고 싶어서 갑자기 뛰어나가기 때문이지요. 눈 깜짝할 사이에 뛰어나가고 엄마들은 비를 맞았다며 걱정과 불만을 표현하시지만, 아이들은 아랑곳하지 않고 신이 나서 빗속을 뛰어다닙니다.

　비 오는 날 우리 아이는 몇 가지를 경험해서 추억으로 생각날까요? 어머님도 눈을 감고 생각해보세요. 어린 시절의 추억들 말이에요. 장화 신고 걸어보기, 우산 쓰고 걸어보기, 비옷을 입고 빗속을 걸을 때의 느낌, 웅덩이 물 튀기기 등 저도 돌아보니 이런 것들이 생각이 납니다.

가난했던 그 시절 우리 집에는 우산이 없어서 비를 맞고 학교에 다니곤 했습니다. 그런 날이면 선생님은 젖은 채로 도착한 저를 안쓰러운 눈으로 바라보셨지요. 사랑의 마음 느끼며 젖은 옷이 집에 갈 때는 말라서 좋았던 느낌, 찢어진 고무신 사이로 들어온 흙을 고인 물로 헹구며 걷기, 지나가는 버스 기사님이 안쓰럽다며 공짜로 버스를 태워주겠다고 했지만 끝내 타지 않고 4km를 걸어 다녔던 그 시절이 이제는 그리운 추억으로 남아 있습니다. 힘들었다기보다는, 오히려 따뜻하고 아름답게 기억됩니다.

　이 책에는 비 오는 날 할 수 있는 놀이가 무려 84가지나 소개되어 있습니다. 비 오는 날 추억이 5개, 10개인 아이와 84가지 경험을 한 아이 중, 과연 누가 더 풍부한 상상력과 이야깃거리를 가지고 있을까요? 자연을 통한 교육은 날씨에 따라, 계절에 따라, 아주 가까운 일상에서부터 시작될 수 있습니다.

　비 오는 날, 햇살이 눈부신 날, 밤하늘의 별과 달을 바라볼 때, 아파트 담장에 핀 꽃 한 송이, 길가의 들꽃, 기어가는 개미, 꿈틀거리는 지렁이 하나에도 아이들은 생각하고, 상상하고, 호기심을 품게 됩니다. 자연은 우리에게 주어진 최고의 선물입니다. 아이와 함께, 가족과 함께, 마음껏 누려 보세요.

책을 좋아하는 아이가 결국 이깁니다

"만 권 책읽기 도전!!!"

독서가 좋은지 모르는 사람이 없을 것입니다. 하지만 의외로 책을 읽지 않는 사람들이 많습니다. 한 달에 책 한 권도 읽지 않는 사람들이 많으며 일 년에 몇 권도 읽지 않는 사람들도 많습니다. 아인슈타인은 "어제와 똑같이 살면서 다른 미래를 기대하는 것은 정신병의 초기 증세다."라고 말했습니다. 나를 성장시켜 줄 최고의 도구가 책이라고 감히 말하고 싶습니다.

많은 이들이 지금을 '살기 힘든 세상'이라고 말하지만, 어떤 사람들은 오히려 지금이 가장 살기 쉬운 시대라고 말합니다. 어떤 일을 시작할 때 실패하지 않고 전문가가 되고 싶다면, 그 분야의 책 50권을 읽고 적용하라는 말이 있습니다. 그만큼 책은 시간을 절약하고 시행착오를 줄여주는 가장 강력한 지침서입니다. 실제로 성공한 사람들 중에는 독서광이 많습니다. 그들은 독서를 통해 성장했고, 또 자신의 삶과 지식을 책으로 엮어 세상에 알리며 브랜딩까지 해냈습니다.

워렌 버핏, 일론 머스크, 빌 게이츠, 스티브 잡스, 링컨, 마크 저커버그가 모두 독서를 중요하게 여긴 인물입니다. 특히 발명왕 에디슨은 20대 시절 도서관을 통째로 읽겠다고 결심하고, 실제로 도서관에서 생활하다시피 하며 책을 섭렵했습니다. 컴퓨터의 황제라 불리는 빌 게이츠는 1년에 한두 번 통나집에 들어가 오직 독서만 하며 한 달을 보낸다고 합니다. 한국의 이지성 작가는 아버지에게 많은 빚을 물려받은 초등학교 교사였지만, 하루에 책 한 권 읽고 출근하면서 글을 써서 베스트셀러가 되어 성공의 길로 가게 되었습니다.

한때 삼류 대학으로 평가받던 미국 시카고대학교는, 2000년까지 무려 68개의 노벨상을 수상하며 '노벨상 왕국'으로 자리매김했습니다. 이 변화의 시작은 로버트 허친스 총장의 부임에서 비롯되었습니다. 그는 학생들에게 고전 100권을 반드시 읽게 하는 교육 개혁을 단행했고, 그때부터 시카고대는 세계적인 석학과 노벨상 수상자를 배출하기 시작했습니다.

이순신 장군은 처음에는 문과를 준비했지만 적성이 맞지 않아 군인의 길을 선택했습니다. 그러나 어린 시절에 배운 인문학적 소양이 바탕이 되어, 훗날 시를 짓고 '난중일기'를 남길 수 있었습니다. 만약 '난중일기'가 존재하지 않았다면, 이순신 장군의 위대한 업적이 오늘날처럼 널리 알려지기는 어려웠을 것입니다. 또한, 유튜버로도 잘 알려진 '역행자'의 저자 자청 역시 힘든 시기에 독서에 몰두함으로써 성공의 기반을 다졌다고 말했습니다.

요즈음 스마트폰과 인터넷에 일찍부터 노출되기 때문에, 의도

적으로 유아기부터 책과 친해지도록 하지 않으면 책을 접하기가 쉽지 않습니다. 천재는 한 세대에 한두 명 나올까 말까 하지만, 영재는 누구나 될 수 있습니다. 영재의 기준은 특정 분야에서 뛰어난 성취를 보이는 사람인데, 그들의 공통점은 한글을 빨리 터득하고 언어 감각이 빠르며, 집중력, 상상력, 호기심, 기억력이 뛰어나다는 점입니다. 그리고 이 모든 능력은 독서를 통해 충분히 길러질 수 있습니다.

여러 사정으로 학창시절을 제때 보내지 못한 저는 늘 스스로 부족하다고 생각하여 책을 손에서 놓지 않았습니다. 초등학교 시절, 책을 읽으면 훌륭한 사람이 된다고 하여 학급도서관에 있는 책을 전부 읽고 독후감 상도 받은 기억이 있습니다. 어른이 되어서도 1년에 10권 정도 책을 읽으며 나름 열심히 산다고 생각했지만, 어느 날, 그 정도로는 변화가 어렵다고 들었습니다. 그래서 자기경영 마스터 과정을 통해 1년에 50권의 책을 읽고, 깨닫고, 적용하는 삶을 실천했습니다. 그 결과 지식의 폭이 넓어졌고 세상을 바라보는 시각도 달라졌습니다.

책을 읽으면, 마치 작가와 함께 대화를 나누는 듯한 느낌이 들며, 그 지혜 속에서 삶의 방향을 얻고 외로움도 사라졌습니다. 독서를 통해 배경지식이 많아지고 내면의 힘이 길러져 새로움을 창조하고 어려움을 이겨내는 원동력이 되었습니다. 그 결과 책을 써서 베스트셀러 작가가 되었고 박사학위도 취득히게 되었습니다.

독서를 폭넓게 접하다 보니 유아교육 전문가로서 그림책에도 관심을 갖게 되었고, 아이들이 유치원·어린이집에 잘 적응하길 바라는 마음으로 그림책 '엄마 유치원 다닐래요'를 출간하게 되었습니다.

아이에게 독서 습관을 지금부터 길러 책을 좋아하게 해야겠다고 마음먹고, 고민 끝에 다양한 그림책 공부를 시작하게 되었습니다. 처음에는 동화책이나 그림책은 아이들이나 읽는 책이라 생각했고, 글 밥의 양에 따라 책을 선택하곤 했습니다. 하지만 그 방법이 잘못되었다는 사실을 알게 되었습니다. 동화책은 어린이를 위한 책이고, 그림책은 0세부터 100세까지 모두가 읽을 수 있는 책이었습니다.

글밥이 없어도 그림 속에 심오한 뜻이 담겨 있는 그림책들이 너무나 많습니다. 특히 우뇌발달이 활발한 유아기에는 그림책의 그림을 보면서 무한한 상상력과 창의력이 발달 되고 글을 통해 좌뇌가 발달되어 전뇌형 인간으로 성장하는 데 아주 효과적인 도구가 바로 그림책입니다.

우리 원에서는 초등학교까지 '만권 책 읽기'를 목표로 아이들이 책을 자연스럽게 좋아하도록 다양한 방법으로 지원하고 있습니다. 부모님과 함께 읽을 수 있는 책을 선물 하거나 대여해 드리고, 담임교사와 매일 함께하는 그림책 하브루타 수업, 원장님과 이사장님이 들려주는 그림책 이야기, 엄마가 들려주는 그림책 모임 등 다양한 활동을 통해 학교 가기 전 책을 좋아하는 아이가 되도록 도와주고 있습니다. 아이가 꿈을 이루고 행복한 삶을 살기

원한다면, 가장 소중한 유산으로 독서 습관을 물려주세요.

가정에서 아이가 자연스럽게 책과 친해지도록 도와주는 5가지 방법을 소개합니다.

1) 책과 친한 환경 만들기

집 안 곳곳, 아이가 자주 머무는 공간에 책을 배치해 보세요. 아이가 자주 지나치는 곳에 책을 두면 자연스럽게 책에 관심을 가지게 됩니다.

2) 다양한 책 제공하기

아이의 발달 단계에 맞는 책을 준비해 주세요. 영아기에는 그림책, 유아기에는 간단한 이야기책 등으로 점차 수준을 높여가면 책 읽는 즐거움이 커집니다.

3) 도서관 및 서점 방문하기

아이가 직접 책을 고르는 경험은 독서에 대한 흥미를 높여줍니다. 도서관이나 서점 나들이를 놀이처럼 즐겁게 만들어 주세요. 스스로 고른 책은 아이에게 특별한 애착을 줄 수 있습니다.

4) 책 읽는 시간 만들기

하루에 정해진 시간, 조용히 함께 책을 읽는 시간은 아이에게 안정감과 따뜻한 기억을 심어줍니다. 엄마와 아빠의 목소리로 읽어주는 것이 아이에게 큰 영향을 미치며 책에 대한 흥미를 유도합니다.

5) 미디어 노출 제한하기

TV나 스마트폰 사용 시간을 조절하고, 대신 책을 읽는 습관을 만들어 주세요. 미디어에 대한 의존도를 줄이면 책에 대한 관심이 높아질 수 있습니다.

　이 다섯 가지 방법을 실천하면, 아이와 책이 친구가 되는 따뜻한 환경을 만들어 줄 수 있습니다. 책은 아이의 상상력과 사고력을 키우는 데 큰 밑거름이 됩니다. 책을 싫어하는 아이가 학교에서 공부를 잘하기란 쉽지 않습니다. 꾸준한 노력을 통해 책 읽는 습관을 길러주세요. 아이와 함께 책을 읽는 즐거운 시간을 자주 가지며 책과 더 친해질 수 있도록 따뜻한 독서 환경을 만들어 주세요.

여행은 아이의 세계를 넓혀요
―경험은 최고의 교과서

여행은 단순히 새로운 장소를 방문하는 것 이상의 의미를 지닙니다. 특히 유아기 자녀를 둔 엄마들에게 여행은 자녀의 성장과 발달에 큰 영향을 미치는 중요한 경험이 될 수 있습니다. 여행을 통해 자녀의 '그릇'을 키우는 방법을 살펴보겠습니다.

첫째, 여행 전에 책이나 미디어를 통해 정보를 얻고 사전 체험을 함으로써 장소에 대한 친숙함을 높일 수 있습니다. 여행을 계획하면서 미리 관련 책을 읽거나 다큐멘터리, 영상 콘텐츠를 보는 것은 자녀에게 그 장소에 대한 관심과 기대감을 키워줍니다.

예를 들어, 방문할 도시의 역사나 유명한 건축물에 대해 미리 알고 간다면, 실제로 그 장소에 갔을 때의 감동이 배가됩니다. 마치 크리스마스보다 크리스마스 이브가 더 설레는 것처럼, 여행 전 준비 과정 자체가 즐거운 경험이 되는 것이지요. 이러한 준비는 여행지를 낯설지 않게 만들고, 자녀의 기억 속에 그 장소가 더 오래 남게 하는 데 도움을 줍니다.

둘째, 다양한 문화 체험을 통해 시야를 넓힐 수 있습니다. 여행을 통해 우리는 다른 문화의 사람들을 만납니다. 전통 시장을 방문하거나 지역 음식을 맛보는 경험은 자녀에게 새로운 시각을 제공합니다. 지방마다 특색이 있어서 그 지방에 가면 그 음식을 먹고 오는 것도 기억에 오래 남지요.

이러한 새로운 경험들은 자녀가 세상을 바라보는 눈을 키우고 다양한 가치관을 이해하는 데 도움을 줍니다. 자녀가 다른 문화에 관한 호기심을 가지게 되면 이는 평생 이어질 수 있는 긍정적인 태도가 될 것입니다. 30여 년 전, 해외여행이 점차 보편화되던 시기에는 향토 음식이 입에 맞지 않아 반찬을 따로 챙겨 다니는 경우가 많았지만, 이제는 그 나라의 음식을 즐기며 문화를 이해하고 가치관을 배우는 여행으로 바뀌었습니다.

셋째, 자연과의 교감을 통해 감수성을 기를 수 있습니다. 여행 중 자연을 탐험하는 것은 자녀에게 자연의 아름다움과 소중함을 느끼게 해줍니다. 숲과 바다등 다양한 자연환경을 탐험하는 경험은 자녀의 감수성을 키우고 환경에 대한 책임감도 심어줍니다. 해변에서 조개를 줍거나 숲에서 나무를 관찰하는 활동은 자녀가 자연과 깊이 연결되는 추억이 될 수 있습니다.

넷째, 가족 간의 유대감을 강화할 수 있습니다. 여행은 가족이 함께하는 특별한 시간입니다. 새로운 장소에서의 경험은 가족 간의 대화를 촉진하고 함께하는 추억을 제공합니다. 자녀는 부모와의 소중한 시간을 통해 안정감을 느끼고 가족의 소중함을 깨닫게 됩니다. 이러한 유대감은 자녀의 정서적 발달에 긍정적인 영향을 미칩니다.

다섯째, 문제 해결 능력을 키울 수 있습니다. 여행 중에는 비행기 지연이나 길을 잃는 등 예상치 못한 상황들이 발생하곤 합니다. 이러한 문제를 경험하면서 자녀는 자연스럽게 문제 해결 능력을 키울 수 있습니다. 특히 부모가 상황에 어떻게 대처하는지를 지켜보며 자녀는 대응 방법을 배우게 됩니다. 이처럼 여행에서의 다양한 경험은 자녀가 앞으로 삶에서 마주할 문제들을 해결하는 데 큰 도움이 됩니다.

여섯째, 여행은 자녀에게 기억에 남는 경험을 제공합니다. 여행에서의 특별한 순간들은 자녀의 마음속에 오래도록 남아 나중에 성장했을 때도 소중한 추억으로 회상될 것입니다. 이러한 기억들은 자녀의 정체성을 형성하는 데 중요한 역할을 하며 자신이 어떤 사람인지 어떤 가치를 중요하게 여기는지를 이해하는 데 도움이 됩니다.

여행은 유아기 자녀의 그릇을 키우는 데 있어 매우 중요한 역할을 합니다. 다양한 문화 체험, 자연과의 교감, 가족 간의 유대감, 문제 해결 능력, 그리고 기억에 남는 소중한 경험들은 자녀의 성장에 긍정적인 영향을 줍니다. 따라서 부모는 자녀와 함께 여행을 계획하고, 그 과정에서 소중한 경험을 나누는 것이 중요합니다. 여행을 통해 자녀의 그릇을 키우고 더 넓은 세상을 경험하게 해 주세요.

하시만 유아기 자녀와의 여행에는 몇 가지 유의할 점도 있습니다. 충분한 사전 의논 없이 떠나는 여행은 자녀의 짜증이나 형제간 다툼을 유발해, 오히려 불편한 기억으로 남을 수 있습니다. 특히 평소 자녀와 긴 시간을 함께하지 못한 아빠의 경우 긴 시간의 여행이 스트레스가 될 수 있습니다. 이럴 때는 '자주 함께하지 못해 미안하다'는 마음을 바탕으로 배려의 자세를 갖는 것이 중요합니다.

또한 여행 준비가 엄마의 몫으로만 올 경우에도 엄마의 과중한 부담으로 인해 여행을 다녀온 후 엄마가 힘들 수 있습니다. 가족 모두가 역할을 분담하고, 함께 전략을 세워야 합니다. 서로 배려하고 협력하는 과정속에서 더욱 의미 있는 여행이 될 수 있습니다.

유아와의 여행은 특별한 추억을 만드는 소중한 시간이지만, 세심한 준비가 필요합니다. 여행을 떠나기 전 아래 8가지 사항들을 점검하여 즐거운 여행이 되기를 바랍니다.

① 여행지 선택: 유아가 편안하게 지낼 수 있는 장소를 선택하는 것이 중요합니다. 가족 친화적인 숙소와 유아가 즐길 수 있는 활동이 있는 여행지를 선택하세요. 또한 이동 거리가 짧고 접근성이 좋은 곳이 좋습니다. 만약 이번 여행이 친척 모임이나 친구 위주의 일정이라 자녀에 대한 배려가 없는 어려운 구성이라면, 자녀를 친정에 맡기는 것도 하나의 방법입니다. 부모는 여행 중 아이를 돌보느라 지치고, 아이는 방치됐다고 느껴 오히려 나쁜 기억이 남을 수 있기 때문입니다.

② 일정 조정: 유아는 성인보다 피로를 쉽게 느끼기 때문에 하루 일정을 여유롭게 계획해야 합니다. 하루에 너무 많은 활동을

계획하기보다는 적당한 시간에 여러 가지를 경험할 수 있도록 하세요. 또한 휴식 시간을 충분히 포함하는 것도 중요합니다.

③ 필수 물품 준비: 유아와 함께 여행할 때는 필요한 물품을 미리 준비해야 합니다. 기저귀, 물티슈, 간식, 장난감, 여벌의 옷 등 아이가 필요로 할 수 있는 물품을 미리 준비하세요. 특히 긴 이동 시간 동안 아이가 지루해하지 않도록 그림책이나 장난감을 챙기는 것도 도움이 됩니다.

④ 안전 고려: 여행 중에는 아이의 안전이 최우선입니다. 아이가 다칠 수 있는 위험 요소는 사전에 파악하고, 아이에게서 항상 눈을 떼지 마세요. 또한 이동 시에는 안전장치(예: 카시트, 아기 띠 등)를 사용하여 이동 중 안전을 확보하세요.

⑤ 식사와 수분 섭취: 유아는 성인보다 더 많은 수분이 필요하므로 여행 중에도 충분한 물을 제공해야 합니다. 또한 유아가 먹을 수 있는 건강한 간식과 음식을 준비하여 배고픔을 예방하세요. 새로운 음식을 시도할 때는 알레르기 반응에 주의해야 합니다.

⑥ 유아의 감정 관리: 낯선 환경과 일정 변화로 유아가 불안하거나 짜증을 낼 수 있습니다. 아이의 감정을 이해하고, 자주 대화하며 안정감을 느낄 수 있도록 도와주세요. 감정을 존중받는 경험은 아이에게 긍정적인 영향을 줍니다.

⑦ 예상치 못한 상황 대비: 여행 중에는 예상치 못한 상황이 발생할 수 있습니다. 비행기 지연, 날씨 변화 등 다양한 변수에 대비해 유연한 마음가짐을 가지세요. 이러한 상황에서 침착하게

대처하는 모습을 보여주는 것이 자녀에게도 긍정적인 영향을 미칩니다.

⑧ 의료 정보 준비: 여행지에서의 응급 상황에 대비해 자녀의 건강정보를 미리 준비해 두세요. 필요한 경우를 대비해 가까운 병원을 알아 두는 것도 좋습니다. 이러한 이유의 사항을 염두에 두고 여행을 계획하면 유아와 함께하는 여행이 더욱 즐겁고 안전한 경험이 될 것입니다.

이와 같은 사항들을 미리 준비하고 고려한다면, 유아와 함께하는 여행은 더욱 안전하고 즐거운 경험이 될 것입니다.

날마다 행복한 여행을 떠나요.

우리는 지구라는 곳으로 소풍을 왔습니다. 날마다 새로운 삶 속에서 행복하게 살다가 때가 되면 하늘나라로 갑니다. 소풍을 온 하루하루는 선물입니다. 오늘의 여행은 어떤 일들이 펼쳐질까 기대됩니다.

저는 매일 아침 눈을 뜨며 이렇게 기도합니다. "오늘도 하루를 선물로 주셨군요. 이 하루를 소중히 여기며 감사한 마음으로 살아가겠습니다." 그리고 기대감으로 오늘 하루 이루어질 일들을 떠올리며 하루를 시작합니다. 하루하루 행복하게 의미 있고 가치 있는 삶을 우선순위로 둡니다. 젊은 날에는 늘 내일만을 바라보며 달려왔지만, 어느 날 알게 되었습니다. "오늘 하루를 잘 살아야 원하는 미래가 온다"는 것을요.

눈을 뜨면 기도하고 수봉산 산책을 합니다. 신선한 산소를 깊이 마시며 걷다 보면 어느새 머리가 맑아지고 좋은 생각들이 떠오릅니다.

병원에서는 산소 한 통이 30여만 원이라지만, 이렇게 맘껏 마시며 숨 쉴 수 있다는 것이 얼마나 감사한 일인지요. 빨간 단풍잎, 노란 은행잎, 지저귀는 새소리, 맑은 하늘, 찬란한 태양 앞에서 최고의 에너지를 받으며 기도합니다. "주님과 동행하며 축복의 통로로 오늘 하루도 살게 해달라고 기도하며 하루의 여행을 시작합니다."

태양과 숲은 우리에게 좋은 에너지를 주지만, 바람은 나쁜 에너지를 줍니다. 제주도는 바람과 화산으로 인해 돌이 많아 척박한 땅이지만, 그럼에도 불구하고 매년 두 차례나 메밀꽃이 피어 우리에게 기쁨을 주고, 맛있는 음식으로도 보답합니다. 어쩌면 저처럼 어려운 환경 속에서도 아름답게 피어나는 메밀꽃을 보며, 문득 지난 추억에 잠기곤 합니다. 다가오는 가을엔 제주를 찾아 메밀국수와 메밀전병을 마음껏 즐기고, 활짝 핀 메밀꽃 사이를 거닐며 그 소박한 아름다움과 함께하리라 다짐해 봅니다.

메밀꽃 필 무렵
─이효석

메밀꽃 하이얀 물결
한사코 출렁거리는

정결한 여백에 서서
나는 그리운 사람을 생각한다.

마치 가슴한복판에
눈이 내리는듯한
느낌으로 나는 생각한다.

차가운 달빛에도
울지 않고 피는 꽃
가난한 사람들의 순결한 음성같은
메밀꽃 하이얀 물결

글로벌 감각
어릴 때부터 키워야 합니다

대한민국은 오랜 역사 속에서 하나의 민족이라는 정체성을 강조해 왔습니다. 이는 혈통과 문화적 동질성을 바탕으로 한 단일민족을 자랑하며 자긍심도 매우 컸습니다. 그러나 현대에 와서는 세계화와 다문화 사회로 인해 단일 민족 개념은 점차 변화하고 있습니다.

2020년 기준 국내 다문화 인구는 222만 명에 달하며 전체 인구의 4.3%를 차지하고 있습니다. 2050년에는 약 352만 명으로 증가할 것으로 예상하며, 이는 전체 인구의 6.9%에 달하는 수치입니다. 일반적으로 전체 인구의 5% 이상이 다문화 인구일 경우 해당 사회를 '다문화 사회'라고 부릅니다. 따라서 이제는 혈통과 문화의 동질성에 기반한 전통적인 민족 개념을 넘어, 보다 포괄적이고 개방적인 정체성을 요구하는 시대가 되었습니다.

세계 각지에 거주하는 재외 한인들도 한민족의 구성원으로 포용해야 하며, 그들의 역사와 문화 또한 한국 역사와 문화 속에 자연스럽게 포함되어야 합니다.

현재 대한민국은 전통적인 단일 민족 개념에서 벗어나, 다문화 사회로의 전환을 겪고 있습니다. 이는 한국 사회의 정체성을 재정의하고, 다양한 문화와 인종이 조화롭게 공존하는 사회로 나아가는 중요한 과정입니다. 이러한 변화는 대한민국이 글로벌 시대에 걸맞은 포용적이고 다양성을 갖춘 사회로 나아가고 있음을 보여주는 긍정적인 신호입니다.

사업을 하다 보면 외국인을 고용할 수가 있고 동료로 외국인을 만날 수도 있으며, 국제결혼 등 가까운 이웃에 다문화 가족이 많이 살고 있습니다. 우리 원에도 전체 원생의 약 10% 정도가 다문화 가정의 아이들입니다. 이처럼 다문화 시대에 사는 우리 아이들은, 굳이 외국에 나가지 않더라도 세계를 품은 아이로 자라야 합니다. 인터넷의 발달로 세계의 정보를 한눈에 접할 수 있고, 세계 곳곳의 친구들과 SNS를 통해 자유롭게 소통할 수 있는 시대가 되었습니다.

예전에는 전화 요금이 비싸 국제전화조차 쉽지 않았지만, 이제는 카카오톡 영상 통화를 통해 미국에 사는 자녀들과도 실시간으로 무료로 소통할 수 있어 보고 싶은 마음을 달랠 수 있습니다. 우리 아이가 성인이 되는 시기에는 지금보다 훨씬 더 세계가 하나로 연결된 사회에서 살아가게 될 것입니다. 그 흐름에 맞추어, 세계를 품은 아이로 키우는 것이 무엇보다 중요합니다. 그렇다면, 우리는 어떤 방법으로 내 아이를 세계를 품은 인재로 키울 수 있을까요? 함께 알아보아요.

① 호기심을 자극하는 환경을 만들어 주세요. 아이들은 본능

적으로 호기심이 많습니다. 이 호기심을 자극하려면, 다양한 경험을 제공하는 것이 중요합니다. 집 안에서 식물이나 채소, 동물을 길러보거나 요리를 함께 해보는 것도 좋은 방법입니다. 또한 다양한 문화의 음악, 영화, 책 등을 통해 일상 속에서 세계를 경험할 기회를 만들어 주세요.

예를 들어, 우리나라에서 좋아하는 식물이나 동물, 꽃과 다른 나라에서 선호하는 것들을 비교해 보거나, 다른 나라의 음식을 함께 만들어 보고 맛을 보며 "왜 이 음식을 먹게 되었을까?", "맛은 어떤가요?" 같은 질문을 나누는 것도 좋습니다. 그 나라의 전통 놀이를 함께 체험해보는 것도 아이에게 신선한 자극이 됩니다. 이러한 활동은 아이들의 문화적 감수성을 키워주고, 다양한 문화를 이해하는 폭넓은 시각을 기를 수 있게 합니다.

② 외국어를 알게 해줘요. 언어는 사고의 도구이자, 세상을 이해하고 소통하는 창입니다. 아이들이 다양한 언어를 접할 수 있는 환경을 만들어 주세요. 전 세계적으로는 초등학교 입학 전까지 3개 국어 이상을 구사하는 것을 목표로 하는 나라들이 점점 늘어나고 있습니다.

유대인을 비롯해 스위스, 캐나다, 인도, 핀란드 등은 초등학교부터 3개 국어 이상을 가르치고 있습니다. 우리나라에서도 2027년부터는 초등학교에서 영어 외에 다른 외국어도 가르칠 예정이라고 합니다.

왜일까요? 바로 0~7세가 언어 습득의 결정적 시기이기 때문입니다. 워싱턴 대학교의 패트리샤 쿨(Patricia Kuhl) 교수는 "이 시기 아이들은 7개 언어도 습득 가능하다"고 말합니다. 또한 캐나다 심리학자 엘렌 비알리스톡(Ellem Bialystok) 교수는 "모든 문장을 다중 언어로 말하면 창의적 사고와 문제 해결 능력이 향상될 뿐 아니라, 주의력과 집중력도 높아진다"고 강조했습니다.

실제로 노벨상 수상자 중에는 다국어를 구사하는 사람이 많으며, 특히 문학, 평화, 과학 분야에서 두드러집니다. 세계 인구의 단 0.2%에 불과한 이스라엘은 아이비리그 진학률 32%, 1901년~2017년 기준 노벨상 수상자 203명(23%), 2000년~2022년 기준 노벨상 수상자의 35%를 차지하고 있으며, 세계 100대 기업 중 42%가 이스라엘 출신이며, 세계적 리더의 30%가 이스라엘 출신입니다. 그 핵심에는 유·초등 시기부터 3개 국어 이상을 자연스럽게 익히게 하는 언어 교육이 있습니다.(이중언어와 다국어 관련 다수 논문 및 뉴욕타임스, 포브스 기사 참조)

외국어는 이제 선택이 아닌 필수입니다. 우리 원에서도 한국어뿐만 아니라 영어와 한자에 관심을 갖고 잘할 수 있도록 지도하고 있습니다. 손흥민 선수도 축구 실력뿐 아니라, 좋은 인성과 영어 능력 덕분에 팀 내 리더 역할을 훌륭히 해내며 세계적인 사랑을 받고 있습니다.

③ 해외여행의 경험을 주어요. 여행은 아이가 세상을 직접 경험할 수 있는 가장 중요한 방법의 하나입니다. 새로운 환경에서의 경험은 아이에게 큰 자극이 되며, 오랫동안 기억에 남는 선물

이 됩니다. 비싼 장난감이나 옷에 쓰는 비용을 조금 아껴 두었다가, 외국 여행을 계획해보는 것을 추천합니다. 여행을 통해 그 나라의 언어를 자연스럽게 접하고, 역사와 문화를 체험하면서 아이의 세계관은 더 넓어집니다.

④ 다양한 사람들과의 교류가 중요해요. 아이들이 다양한 사람들과 교류할 기회를 제공하는 것도 매우 중요합니다. 외국에 나가지 않더라도 외국인을 만날 기회는 우리 주변에 얼마든지 있습니다.

큰 교회에서는 외국인끼리 따로 예배드리는 공동체가 있는 경우가 많습니다. 그 나라의 언어를 몇 마디 배워서 직접 인사해보는 것도 좋은 경험이 됩니다. 공항에 가서 외국인을 만나 간단한 미션(예: 인사하기, 질문해 보기 등)을 수행해보는 활동도 매우 유익합니다. 또한 책이나 영상 매체를 통해 다양한 문화를 간접 체험하도록 도와주는 것도 좋습니다. 이처럼 다양한 문화와 가치관을 가진 사람들과 만남은 아이들의 공감 능력을 키우고, 타인을 이해하는 데 큰 도움이 됩니다.

⑤ 긍정적 가치관을 심어주어요. 피부색이 다르고, 생각과 생활 습관이 달라도 우리는 서로의 다름을 존중하고 수용하는 태도를 가져야 합니다. "내가 미국에 가면, 그곳에서 내가 바로 '다른 사람'이 됩니다." 그렇기에 '나와 다르다'는 것이 '틀린 것'이 아님을 아이가 알 수 있노록 도와야 합니다. "상대방이 틀린 게 아니라, 나와 생각이 다를 뿐이야." 이런 마음을 갖게 되면,

우리는 세상의 누구도 똑같이 생기지 않았음을 자연스럽게 받아들이게 됩니다.

그렇게 성장한 아이는 타인을 존중하고, 사랑하며, 배려할 수 있게 됩니다. 이러한 태도는 가정에서의 대화와 행동을 통해 자연스럽게 길러질 수 있습니다. 아이들이 다양한 문화를 이해하고 열린 마음을 가지도록, 부모가 먼저 존중과 배려의 본보기가 되어 주세요. 세계를 품은 아이로 키운다는 것은 단지 지식을 전달하는 것이 아닙니다. 아이들이 스스로 세상을 탐험하고 이해하며, 열린 마음으로 성장할 수 있도록 돕는 것입니다. 우리 함께, 아이들이 호기심과 사랑을 품고 세상으로 나아갈 수 있도록 힘을 모아보아요.

이처럼 글로벌 시대를 살아가는 우리 아이들에게 다양한 문화를 이해하고 세계를 품는 마음을 키워주는 것은 선택이 아닌 필수가 되었습니다. 이러한 가치와 경험은 단지 교육 현장에서만이 아니라, 가정과 사회, 그리고 우리가 살아가는 삶의 자리에서부터 실천되어야 합니다.

저는 젊은 시절부터 세계 선교에 관심을 가지고 후원하며 봉사해 왔습니다. 그 과정에서 시야가 넓어지고, 한국에서 태어나 살고 있다는 것이 얼마나 감사한 일인지 깊이 깨닫게 되었습니다. 이란에서는 목숨을 잃을 뻔한 위기도 있었고, 에이즈에 대한 두려움 속에서도 미얀마를 방문해 엄마들과 함께 시간을 보내며 봉사할 수 있었습니다. 아프리카 토고에서는 비전센터를 설립하고 우물 파기에 동참하였고, 필리핀에서는 교회 준공식을 함께하며 교회를 세우고 가정들을 방문해 도왔습니다. 그 외에도 여러 나라를 다니며 견문을 넓힐 수 있는 기회를 주신 하나님께 늘 감사드립니다.

골드만 삭스는 2050년경 우리나라가 세계에서 두 번째로 선진국이 될 것이라고 전망했습니다. 저 역시 그 일이 어떻게 가능할지 생각해 보았고, 제게는 '통일'만이 그 길이라고 믿습니다. 그래서 요즘은 북한 선교에 관심을 가지고 돕고 있습니다. 우리는 모두 지구촌 안에 하나 된 가족이라는 마음으로, 세계를 품는 글로벌 리더가 되어야 합니다.

스마트폰과 인터넷 노출을 반드시 관리해야 합니다

스마트폰과 인터넷의 과도한 노출은 유아와 아동의 발달에 여러 가지 부정적인 영향을 미칠 수 있습니다. 우리나라에서는 초등학교 입학 선물로 핸드폰을 사주는 일이 흔하지만, 미국 뉴욕에 사는 초등학교 5학년 손주는 아직도 핸드폰이 없습니다.

흥미롭게도 스티브 잡스를 비롯한 실리콘밸리의 많은 IT 전문가들은 오히려 자녀들의 디지털 기기 사용을 제한합니다. 인터넷과 디지털 기기의 유아기 노출은 전문가들이 바라보는 시점에서는 긍정적인 면보다는 부정적인 면이 더 많기 때문입니다. 스티브 잡스는 자녀들에게 아이패드조차 사용하지 못하게 했고, 가정에서는 스크린 타임을 제한하며 독서와 창의적인 활동을 장려했습니다.

'컴퓨터의 황제'로 불리는 빌 게이츠도 역시 자녀가 만 14세가 될 때까지 스마트폰을 허용하지 않았으며, 컴퓨터 사용 시간도 하루 45분으로 제한했습니다. 빌 게이츠는 스마트폰과 소셜미디어의 과도한 사용이 유해하다는 점을 강조하며, 자녀들에게 그 위험성을 인식시키고 기술 사용에 대해 신중한 태도를 가지도록 지도했습니다.

  그는 "사고하는 힘은 책과 대화에서 나온다"는 믿음 아래 자녀들과의 대화와 독서를 중시했습니다. 마크 저커버그(페이스북), 세르게이 브린(구글) 등 실리콘밸리의 대표적인 기술 기업가들 또한 자녀들의 기기 사용을 제한하고 자연과 책 중심의 교육을 실천하고 있습니다. 디지털 시대에 살아가고 있는 우리 아이들에게 진정 필요한 것은 기술을 무작정 익히는 것이 아니라, 기술을 '건강하게' 사용하는 법을 배우는 것입니다.

  자연과의 접촉이나 독서와 같은 활동은 아이들의 건강한 성장에 큰 도움이 됩니다. 우리 원에서는 디지털과 아날로그를 적절하게 조합하여 사용하고 있습니다. 두뇌 과학 전문가 이승재 소장은 "두뇌는 태어날 때부터 결정되는 것이 아니라, 주변 환경과 '뉴런(신경 세포)'의 연결망, 즉 시냅스 형성에 따라 좋아질 수도, 나빠질 수도 있다"고 말합니다.

  특히 짧은 영상을 자주 보면, 뇌의 전두엽이 거의 기능을 하지 않아 능동적으로 생각하는 기능이 멈춘다고 하였습니다. 반면, 책을 읽는 활동은 전두엽을 활성화해 사고력과 두뇌 기능을 높여줍니다. 읽고 쓰는 활동을 통해 좌뇌가 발달하고, 이미지를 보고 상상하는 과정을 통해 우뇌도 함께 자극되며 균형 잡힌 두뇌 성장이 이루어집니다.

  놀이 미디어 교육 센터 권장희 소장노 "게임을 하면 아이의 두뇌 속에 오락실을 짓는 것이고, 책을 읽으면 도서관을 짓는 것이

다"라고 표현합니다. 이는 아이들이 일상적인 활동이 두뇌 발달에 어떤 영향을 미치는지를 강조하였으며, 디지털 기기의 과도한 사용이 두뇌 발달에 부정적인 영향을 줄 수 있음을 경고하고 있습니다.

우리가 일상에서 무심코 넘기는 행동들이 아이의 두뇌에 지대한 영향을 미친다는 사실을 알게 되면, 오히려 두려움이 들 정도입니다. 두뇌 속에 오락실이 만들어지면, 아이는 점점 재미, 욕망, 쾌감만을 추구하게 되며, 자연스럽게 학습에 대한 흥미는 떨어지고 집중력은 낮아질 수밖에 없습니다.

과도한 영상 자극은 뇌 속 도파민 시스템에 영향을 줍니다. 도파민은 복측피개 영역과 측좌핵을 통해 분비되는데, 자극이 반복되면 도파민을 과도하게 분비되고, 두뇌는 항상성을 유지하기 위해 도파민 공장의 기능을 줄이게 됩니다.

이 과정이 계속되면 평범한 일상에서는 도파민이 부족하여 무기력하거나, 자극을 더 원해 산만해지고 과잉 행동을 보이게 됩니다. 이러한 상태가 심해지면 의학적으로 'ADHD(주의력결핍과잉행동장애)'라고 진단되기도 합니다. ADHD란, 일반인보다 더 강한 자극이 뇌에 들어와야 안정감을 느끼는 상태를 말합니다.

두뇌는 움직임과 놀이를 통해 안정적으로 발달합니다. 와일드 팬필드 박사의 '호문쿨루스(Homunculus)' 이론에 따르면, 인간 두뇌의 약 70%는 손, 발, 입과 연결되어 있다고 합니다. 아이들이 노는 동안 손과 발, 입을 활발히 움직이는 것은 곧 두뇌를 자극하고 발달시키는 활동입니다. 하지만 스마트 기기 사용은 이러한 움직임을 억제하여, 두뇌의 70%가 정지된 상태로 머물게 만듭니다.

스마트 기기가 아이들에게 미치는 부정적인 영향을 다시 한번 살펴보겠습니다.

① 신체적 문제: 스마트폰 화면을 장시간 보면 시력에 악영향을 미칩니다. 특히 블루라이트는 눈의 피로를 증가시키고, 장기적으로는 시력 저하를 초래할 수 있습니다.

② 정서적 문제: 과도한 스크린 타임은 정서적 불안정을 유발할 수 있습니다. 유아는 감정 조절 능력이 미숙하기 때문에 자극적인 콘텐츠에 노출될 경우 불안감이나 우울감을 느끼게 됩니다. 또한 스마트폰 사용이 늘어나면서 가족 간의 대화가 줄어들고, 현실과 영상 속의 세계를 혼동하여 나쁜 상상의 상황을 현실 속에서 행하기도 합니다.

③ 집중력 저하: 스마트폰의 빠른 정보 전환과 자극적인 콘텐츠는 유아의 집중력을 저하할 수 있습니다. 이는 학습 능력 저하로 이어질 수 있는 중요한 문제입니다.

④ 창의성 감소: 스크린에 의존하게 되면 상상력과 창의력을 발휘할 기회가 줄어듭니다. 궁금한 것이 생기면 스스로 탐구하기보다는 네이버나 AI에게 물어보는 데 익숙해져 창의적인 사고력이 점점 떨어질 수 있습니다.

그러나 이제 우리는 AI와 함께 살아가는 디지털 시대에 살고 있으며, 스마트폰 없이 지내기 어려운 세상이 되었습니다. 중요한 것은 무조건 사용을 막기보다는 '어떻게 유익하게 활용할 것인가'를 고민하는 일입니다. 미국 엔터테인먼트 소프트웨어 협회(ESA)의 조사에 따르면, 91%의 부모가 자녀의 PC 사용을 모니터링하고 있으며, 86%는 부모 동의 하에 사용을 허용하고, 75%는 자녀의 게임이용 시간이나 종류를 통제하고 있다고 합니다. 이처럼 가정에서의 올바른 관리와 지도가 디지털 기기의 부작용을 줄이고, 오히려 유익한 방향으로 이끌 수 있습니다.

그렇다면 스마트폰과 인터넷, 어떻게 사용해야 할까요?

① 스마트폰이나 인터넷을 사용할 때는 부모님께 먼저 허락을 받고, 어떤 내용을 이용했는지도 함께 공유해야 합니다.

② 미디어와 거리를 두고 중독되지 않도록 지도해야 합니다. TV는 거실에 두지 않는 것이 좋습니다. 가능하다면 가정 내에서 TV 자체를 없애거나, 최소한 거실에는 두지 말고 가족 모두가 사용하는 공간에서 미디어 노출을 줄이세요. 스마트폰은 가족 보관함에 넣어두고, 집에 돌아오면 부모님이 먼저 절제된 모습을 보여야 합니다. 잠들기 전 한 시간은 자녀와 하루를 이야기하고, 감사 기도를 드린 후 책을 읽어주며 따뜻하게 하루를 마무리하시기 바랍니다.

③ 자녀와 함께 보내는 시간이 최고의 교육입니다. 유아기에 부모와 함께하는 시간은 자녀에게 가장 큰 선물이며 유산입니다. 아무리 똑똑하게 잘 키워도, 잘못된 사이트나 콘텐츠에 노출되어

중독과 무기력에 빠지는 경우가 종종 있습니다. 아이에게 적정한 사용 시간, 올바른 콘텐츠 선택, 미디어 외 대체 활동 등을 제공해 유아가 건강하게 성장하도록 도와야 합니다.

④ 어쩔 수 없는 상황에서도 '설명'과 '원칙'을 잊지 마세요. 식당이나 차 안, 집에서 과도한 육아로 힘들 때, 혹은 다른 사람들과 어울리는 자리에서 아이의 고집을 이기지 못해 스마트폰을 주는 경우를 봅니다. 그러나 이런 '한 번의 방임'이 나쁜 습관으로 자리 잡을 수 있습니다. 힘들더라도 충분한 설명과 일관된 관리가 중요합니다.

미디어, 책, 자연, 놀이가 균형을 이루어 아이의 몸과 마음이 건강하게 자라게 해줘야 합니다. 스마트폰과 인터넷이 우리 삶에 얼마나 큰 영향을 미치는지 인식하고, 올바르게 조절하며 잘 활용한다면, 아이를 글로벌 리더로 성장시킬 수 있습니다. 우리 모두 함께 실천해요!

경제교육은
미래 경쟁력입니다

　부자가 되고 싶지 않은 사람은 아마 없을 것입니다. 그럼에도 불구하고 우리는 경제에 대해 공부를 하지 않습니다. 드라마나 영화에는 종종 부정적인 이미지의 부자가 등장하고, '금수저'라는 단어도 부정적인 의미로 사용되곤 합니다. 성경에서도 부자 청년의 이야기를 통해, 부자가 천국에 들어가는 것이 낙타가 바늘귀를 통과하기만큼 어렵다고 말합니다.
　저 역시도 그런 환경에서 자라다 보니 '부자'라는 단어에 거리감을 느끼며, 부자가 되고 싶다는 생각조차 어쩐지 '속물적'이라고 생각이 들었습니다. 그러던 중, 아들이 초등학교 시절 "꿈이 뭐냐"고 물었을 때, 저는 내심 의사나 과학자, 교수 같은 직업을 기대했지만 아이는 "부자가 되고 싶어요."라고 말했을 때 낯설게 다가왔습니다.
　세계에서 부자가 많은 유대인은 어릴 때부터 체계적인 경제 교육을 받습니다. 가정이나 아버지의 일터에서 노동하고 그에 대한 정당한 보상을 받고, 스스로 돈을 저축하도록 합니다. 또한 본인이 직접 돈을 관리하며 절약하고 아끼는 습관을 익혀갑니다.

특히 13세 성인식을 기준으로 성인으로서 책임과 역할을 인식하고 준비하게 해줍니다. 성인식 날에는 그동안 모아온 돈을 자녀에게 넘겨주며 경제적 자립에 대한 실질적인 교육을 시작합니다. 한국 돈으로 약 5천만 원 정도의 자금을 직접 관리하게 하며, 미래에 대비하도록 합니다. 이들은 10대 후반부터 재테크에 익숙해지고, 경제 감각을 키우며 금융 시장에서 주도적인 역할을 하게 됩니다.

반면 우리나라 학생들은 대학교에 진학하면서 학자금 대출을 받고, 졸업 후 그 빚을 갚느라 경제적 독립이 늦어지는 경우가 많습니다. 그러나 유대인 청년들은 대학 졸업 무렵이면 이미 모아둔 자금이 있어 동업하거나 개인 사업을 시작하며 안정적인 출발을 합니다. 예를 들어, 빌 게이츠와 폴 앨런은 대학 시절 동업하여 마이크로소프트를 설립하여 소프트웨어 산업에서 혁신을 이루며 세계적인 기업으로 성장시켰습니다. 스티브 잡스와 워즈니악도 젊은 시절 함께 애플을 만들어 세계적인 기업으로 성장시켰습니다.

유대인들은 경제적 자립을 통해 자선 활동과 사회 환원을 실천할 수 있다고 믿으며, 경제적 성공은 단지 개인의 이익이 아닌 사회적 책임을 다하는 과정이라 여깁니다. 그래서 그들은 '존경받는 부자'를 꿈꿉니다.

우리도 부자가 되는 것을 부정적으로 보지 말고, 나누고 베푸는 존경받는 부자가 되도록 노력해야 합니다. 그렇다면 부자가 되기 위해서 어떻게 해야 할까요? 돈을 따라가면 돈이 도망간다고 하였습니다. 돈은 필요한 것이지 삶의 목적이 되어서는 성공할 수 없습니다. 돈보다 먼저 '비전'이 앞서야 하며, 가치 있는 일을 할 때 돈은 자연스럽게 따라옵니다. 진정한 경제 교육은 단순히 돈을 많이 버는 법이 아니라, 돈을 바르게 쓰고 나눌 줄 아는 지혜를 기르는 일입니다. 아이들에게 경제 교육을 일찍부터 시작합시다. 그것이 진짜 부자로 가는 첫걸음입니다.

'96%의 사람들이 모르는 다섯 가지 부의 비결'(크래그 힐)에 따르면, 미국인의 4%는 돈보다 지혜와 지식을 추구하는데 더 큰 가치를 둔다고 합니다. 이들은 돈을 좇기보다 비전을 먼저 세우고 살아갈 때, 어느 날 부는 자연스럽게 따라온다고 말합니다.

성경의 솔로몬도 마찬가지였습니다. 하나님께서 "무엇을 원하느냐"고 물었을 때 그는 물질이 아닌 지혜를 구했습니다. 그리고 지혜롭게 살아가다 보니 결국 누구보다도 크고 풍성한 부를 얻게 되었습니다.

또한, 96%의 사람들은 자신이 할 수 없는 것과 없는 것에 집중하며, 자기의 무능을 탓하고 환경을 원망하며 비관 속에 살아갑니다. 반면 4%의 사람들은 자신이 할 수 있는 것, 이미 가진 것에 집중하며 긍정적인 삶을 선택합니다.

2025년 어느 날 117년 만에 가장 많은 첫눈이 내렸습니다. 원을 운영하는 저에게 눈이 많이 오는 날은 여러 가지 어려움이 따릅니다. 아무리 노력해도 눈 오는 것을 막을 수는 없습니다. 그렇다면 제가 해야 할 일은 무엇일까요? 차량 운행이 가능한지 판단하고, 운행이 어려울 경우 어떤 대안을 마련할지 고민해야 합니다. 무엇보다 중요한 것은 부모님들이 불편함을 느끼지 않고, 아이들의 안전이 위협받지 않도록 최선을 다하는 것입니다.

항상 학부모의 입장에서, 또 교직원의 입장에서 생각하며 지금 내가 할 수 있는 것에 최선을 다해 눈 오는 날의 문제들을 풀어나갑니다. 그러다 보면 문제가 문제 되지 않고 디딤돌 되어 어제보다 조금 더 성장해갑니다.

"온유한 자는 복이 있나니 그들이 땅을 기업으로 받을 것임이요."(마태복음 5:5)

겸손은 '태도'이고 온유함은 '행동'입니다. 겸손은 내면의 자세라면, 온유는 그것을 어떻게 살아내느냐에 대한 삶의 방식입니다. 결론적으로, 온유하게 살아갈 때 비로소 능력의 열매가 맺힌다고 할 수 있습니다.

세계적인 시각에서 보면 의식주가 해결된 상태면 이미 부자라 할 수 있습니다. 그 이상을 누리는 것은 '축복'이라 할 수 있지요. '큰 부자'는 하늘이 내려주는 것이고, '작은 부자'는 개인의 노력에 따라 얼마든지 될 수 있다고 말합니다.

우리가 반드시 큰 부자가 되지 않더라도, 돈으로 인해 문제가 생기고 삶이 불행해지는 일은 막아야 하지 않을까요? 유아기부터 경제 교육을 시작해 아이들이 돈의 개념과 가치를 이해하고, 올바른 습관을 기르도록 도와주세요. 이 시기에 적절한 방법으로 경제 교육을 시작하면, 아이들은 성장하면서 재정적 책임감을 갖춘 성인으로 자라날 수 있습니다.

유아기 경제 교육, 이렇게 시작하세요!

1) 돈의 개념 이해하기

- 돈의 역할 설명하기: 아이들에게 돈이 무엇인지, 왜 필요한지 쉽게 설명합니다. "돈은 물건을 사고팔 때 사용하는 거래 수단이야"라고 알려주고, 돈이 어떻게 생기는지 간단한 과정을 소개합니다.
- 가상의 거래 놀이하기: 가상의 시장 놀이를 통해 아이들이 돈을 사용해 물건을 사고, 파는 경험을 하게 합니다. 이 과정에서 가격을 정하고, 돈을 주고받는 경험을 통해 돈의 가치를 자연스럽게 배울 수 있습니다.

2) 저축의 중요성 가르치기

- 저금통 사용하기: 아이에게 저금통을 주고, 용돈이나 세뱃돈, 조부모님이 주신 돈 등은 '아이의 돈'으로 인정하여 직접 저축하게 합니다. 저금통에 돈이 차곡차곡 쌓이는 과정을 보며 저축의 즐거움을 자연스럽게 느낄 수 있도록 도와주세요.

저금통이 가득 차면, 아이와 함께 은행에 가서 자녀 이름으로 통장을 만들고 직접 저금을 해보게 하여, 금융 생활의 첫 경험을 만들어 줍니다.

- 목표 설정하기: 아이에게 필요한 장난감이나 책을 정하고 그 목표를 위해 얼마나 저축해야 하는지를 함께 계산해 봅니다.

자녀에게 쓰는 돈은 아깝지 않다는 마음으로 무분별하게 소비하다 보면, 정작 꼭 필요한 곳에 투자하지 못할 수 있습니다. 아이에게는 사고 싶은 것을 사는 날은 특별한 날에만 허용하고, 평소에는 필요한 경우에만 소비하도록 가르치며, 저축의 목적과 중요성을 함께 알려주세요.

3) 소비의 개념과 선택의 중요성

- 소비 선택 교육: 아이와 함께 마트나 시장에 가서 다양한 물건의 가격을 비교하며, 어떤 것을 사야 할지 선택 과정을 경험하게 합니다. 이때 필요와 욕구의 차이를 설명하고, 선택권을 주어 책임감을 기를 수 있도록 합니다.

- 예산 개념 소개: 아이에게 간단한 예산 개념을 알려주고, 주어진 돈 안에서 어떻게 소비할지 스스로 고민해보도록 도와주세요.

저 역시 자녀를 키우며 초등학생 시기부터 선택권을 주어, 스스로 결정하게 했습니다. 예를 들어 "운동화를 사야 할 때가 되었구나. 엄마가 6만원을 줄게. 어떻게 쓸지 네가 결정해 봐"라고 말해주었지요. 아들은 5만원을 보태어 11만원짜리 운동화를 샀고, 딸은 신발 두 켤레를 선택했습니다. 아이들의 선택을 존중하며, 각자의 장단점을 함께 이야기 나누고, 자신이 고른 물건을 소중히 여기며 신도록 했습니다.

4) 경제적 책임감 기르기

- 자신의 돈 관리하기: 아이가 받은 용돈이나 저축한 돈을 스스로 관리하게 하여 책임감을 기릅니다. 이 과정에서 돈을 어떻

게 사용할지 고민하게 하고 잘못된 소비를 했을 때의 결과를 경험하게 해줍니다.

- 집안의 돈 흐름 공유하기: 예를 들어 "우리 집 월수입은 500만 원인데, 저축 50만 원, 대출이자, 관리비, 생활비, 교육비 등으로 쓰고 나면 여윳돈이 없어. 그래서 이번 달엔 엄마도 파마를 미루기로 했어. 너희 신발은 다음 달에 사자, 괜찮을까?"라고 솔직하게 이야기해 보세요. 아이들은 이해하고, 절약의 의미를 배우며 함께 성장합니다. 돈을 버는 것도 중요하지만 절약하며 필요할 때 쓸 줄 알게 하는 것도 중요합니다.

- 자선활동 참여시키기: 아이에게 자선과 봉사 개념을 가르치고 돈 일부를 기부하는 경험을 하게 합니다. 이를 통해 현실에 감사하며 돈의 가치를 이해하고 세상의 주인공으로서 사회적 책임감을 느끼게 해주어 리더십을 키워줍니다.

- 피드백 제공하기: 아이가 돈을 관리하거나 소비할 때 그 선택에 대해 따뜻한 피드백을 주세요. 잘한 선택은 칭찬하고, 아쉬운 소비는 교훈과 함께 돌아볼 수 있게 도와주는 것이 중요합니다.

이러한 방법들을 통해 유아기부터 경제 교육을 체계적으로 진행하면 아이들은 돈의 가치와 올바른 소비 습관을 자연스럽게 익힐 수 있습니다. 경제 교육은 단순히 돈을 다루는 기술을 배우는 것이 아닙니다. 책임 있는 소비자이자 사회의 일원으로 성장할 수 있도록 돕는 중요한 교육입니다.

신앙은 흔들리지 않는 뿌리가 됩니다

내가 만약 신앙생활을 하지 않았다면, 지금쯤 어떻게 살고 있을까요? 아마 친정엄마처럼 힘들 때마다 술을 마시고 비관하다가 돌아가신 삶을 따라갔을 것입니다. 친정엄마는 대가족의 막내로 태어나 어린 시절 부모를 여의고, 오빠 집에 얹혀살다가 전쟁을 맞았습니다. 위안부에 끌려가지 않으려면 결혼을 해야 했기에 얼굴도 모르는 남자와 결혼했다고 합니다.

아이를 낳고 살았지만, 남편과 맞지 않아 도망쳐 나와 살던 중 아버지를 만나 저를 낳았습니다. 아버지와 함께 살면서도 힘들 때마다 "네가 태어나서 내가 이렇게 산다"며 어린 저를 구박했고, 힘들 때마다 술에 의지하다가 일찍 돌아가셨습니다. 어릴 적에는 그런 엄마가 원망스러웠지만, 나도 한 여자로 살아보니 엄마의 삶이 이해되었고, 지금은 살아 계실 때 더 잘해드리지 못한 것이 후회로 남습니다.

엄마의 사랑도 받지 못하고 의지할 곳도 없던 저는 어릴 적 동네 교회를 다니기 시작했습니다. 교회에 가면 언니들이 잘해주고 먹을 것도 주고, 저를 챙겨 주니, 교회는 제게 유일한 안식처였습니다. 동네 유치원이 있었지만, 제게는 감히 다닐 수 없는 곳이었고, 저는 그저 창밖에서 내다보며 무용과 노래를 흉내 내며 어린 시절을 보냈습니다.

하지만 교회에서는 찬송가도 가르쳐 주고, 무용도 가르쳐 주니 너무나 행복했습니다. 그렇게 교회를 다니게 되었고, 힘들고 어려운 일이 있을 때마다 하나님을 의지하며 살아왔습니다. 아무리 어려운 일을 겪어도 엄마처럼 불행하게 살지 않았습니다. 고난이 올 때마다 걸림돌에 넘어지는 대신, 하나님 의지하며 디딤돌 삼아 성장했고, 결국 꿈을 이루고 행복하게 살고 있습니다.

미국 초기 개척 시대일 때 두 명의 젊은이가 새로운 삶을 찾아 신대륙을 밟았습니다. 그들은 각기 다른 꿈을 안고 미국 땅에 발을 디뎠습니다. 한 사람은 마르크 슐츠, 다른 한 사람은 조나단 에드워즈였습니다. 마르크 슐츠는 신대륙에서 부를 축적하여 자신의 후손들이 가난으로부터 자유롭게 살기를 바랐습니다. 그는 뉴욕에 술집을 열고 밤낮으로 일하며 결국 막대한 재산을 모았습니다. 그의 노력은 당대에 큰 성공으로 이어졌습니다. 반면, 조나단 에드워즈는 물질적 성공보다는 신앙의 자유를 지키는 것을 삶의 목적으로 삼았습니다. 그는 신학을 공부하고 목사가 되어, 신앙에 바탕을 둔 가정을 세우고 지역사회를 섬기며 살았습니다.

시간이 흘러 약 150년 후, 뉴욕시 교육 당국이 이 두 가문의 후손들을 조사한 결과, 그들의 삶의 선택이 후대에 어떤 영향을 미쳤는지 뚜렷이 드러났습니다. 마르크 슐츠의 자손들은 1,000

여 명에 달했지만, 그중 상당수가 범죄, 알코올 중독, 문맹 등 사회적 문제에 얽혀 있었습니다. 반면 조나단 에드워즈의 후손들은 미국 사회 각계에서 두드러진 인물로 성장했습니다. 부통령, 주지사, 대학 총장, 법조인, 의사, 교수, 목사 등 다양한 분야에서 리더로 활동하며 사회에 긍정적인 영향을 미쳤습니다.

특히 에드워즈 가문은 신앙을 바탕으로 한 가정교육과 사랑이 대를 이어 전해졌습니다. 그들의 후손들은 신앙과 윤리적 가치관을 삶의 중심에 두고 세상을 섬겼습니다. 예일대학교에서도 이 가문에 대한 연구를 통해, 에드워즈 가문의 성공 비결이 '신앙으로부터 비롯된 사랑과 가정의 가치'였다고 평가했습니다. 현지 교회 목사와의 인터뷰에서도 같은 결론이 나왔습니다. 그 목사는 "이 가문이 위대한 명문으로 자리 잡은 이유는 세대를 거듭하며 신앙의 유산을 지켜왔기 때문"이라고 말했습니다. 결국 진정한 유산은 물질이 아닌, 신앙과 사랑, 그리고 가치 있는 삶의 태도였던 것입니다.

아이들을 키우다 보면 사춘기를 겪게 됩니다. 사춘기는 자아가 형성되며 부모와 의견 충돌이 생기고, 반항이 시작되는 시기입니다. 이 시기에 게임에 빠지거나 밖으로 도는 것보다, 교회에 가서 친구들을 만나고 인문학의 최고인 성경의 가르침을 받고, 봉사와 나눔을 경험한다면 그야말로 금상첨화일 것입니다

제가 살아오며 가장 잘한 일 중 하나는 자녀의 배우자를 신앙인으로 맞이한 것입니다. 자랑 같지만, 제 아들은 학교 다닐 때

공부도 잘하고 인기도 많았습니다. 세상의 기준으로 보면 내로라 하는 신붓감도 많았지만, 무엇보다 신앙 좋은 며느리를 만난 덕분에 먼 미국에서 아이들을 잘 키우며 행복한 가정을 꾸리고 있습니다.

딸도 선교사 가정과 결혼하여 하나님의 자녀로서 신앙 안에 행복한 삶을 살고 있습니다. 아들, 딸이 연고도 없는 미국에서 살아도 걱정하지 않는 이유는, 그들이 하나님을 의지하며 살고 있기 때문입니다. 주일이면 교회에 가고, 마음이 상하는 일이 생겨도 신앙 안에서 풀어가며, 손주들도 기도하며 신앙 안에서 자라고 있으니 그저 감사할 뿐입니다.

당대의 미인이자 배우였던 마릴린 먼로는 단 한 번 보면 누구나 반할 만큼의 미모를 지녔습니다. 그 시대 미국 대통령 존 F. 케네디도 그녀를 보고 한눈에 반해 사귀게 되었고, 사회적으로 문제가 되자 말리러 간 동생 로버트 케네디(당시 미국 법무부 장관)조차 그녀를 보고 한눈에 반해 사랑에 빠졌습니다. 대단한 사람들이 한 번 보기만 해도 반하게 되는, 어쩌면 많은 여성의 로망이었을지도 모를 대단한 사람이었습니다. 만인의 연인이자 세계 남성들의 우상이었던 마릴린 먼로는 죽기 전 이런 말을 남겼습니다.

"나는 젊고 아름답고 돈도 많고 모든 것을 가졌습니다. 매일 수백 통의 팬레터를 받고 부족함이 없고 미래도 보장되어 있습니다. 그런데 왜일까요? 나는 너무나 공허하고 불행합니다. 내 인생은 파장한 해수욕장처럼 쓸쓸합니다." 그녀는 결국 젊은 나이에 생을 마감했습니다. 세상의 모든 조건을 다 갖추고도 천국에 소망이 없는 인생은 결국 공허하고 쓸쓸할 수밖에 없습니다. 성공의 끝자락에서도 그것은 신기루에 불과합니다.

러시아의 유명 작가이자 귀족이었던 톨스토이도 온갖 부귀영화를 누렸지만, 삶에 만족을 느끼지 못했습니다. 그러던 어느 날 한적한 시골길을 걷다가 한 농부를 만났는데, 그의 얼굴에는 평화와 행복이 가득해 보였습니다. 비결이 무엇이냐고 묻자, 농부는 "좋으신 하나님 아버지를 의지하고 살기 때문에 언제나 든든하고 기쁘고 행복합니다."라고 말했습니다. 그 말을 들은 톨스토이는, 자신이 그 농부보다 더 불행하게 살고 있음을 깨닫고 하나님을 찾기 시작했습니다. 그리고 하나님을 인격적으로 만나게 된 후, 이렇게 고백했습니다. "하나님을 아는 것이 올바로 사는 것이며, 참된 성공의 길입니다."

주변에서 성공해도 문제, 실패해도 문제가 되는 경우를 종종 목격합니다. 성공한 후에는 자만하거나 허무함에 빠져 타락하는 경우가 있고, 실패한 후에는 좌절에 머무르는 사람들도 있습니다. 하지만 하나님 안에서 성공을 바라보고 풀어나간다면 그 성공은 평생 축복이 되고 실패조차도 잘 풀어나가며 더 큰 성공을 위한 디딤돌이 될 수 있습니다. 신앙은 순수한 어린 시절에 뿌리를 내려야 좋으신 하나님을 더 빨리 만나 삶을 이룰 수 있고, 어려운 일이 생겼을 때도 하나님을 의지하며 이겨낼 수 있습니다.

우리 원은 미션 스쿨은 아니지만, 교직원들은 매주 예배를 드리고 매일 큐티(QT)를 나누며 하루를 시작합니다. 아이들은 부모님의 신청을 받아 어린이 전도협회와 함께 주 1회 채플 시간에 참여합니다.

우리나라와 해외에는 기독교 정신을 바탕으로 설립된 대학들이 다수 존재합니다. 한국에는 연세대학교, 이화여자대학교, 숭실대학교, 한동대학교 등과 같이 기독교 선교사들의 헌신으로 설립된 대학들이 있으며, 해외에는 하버드대학교, 예일대학교, 프린스턴대학교 등 세계적인 명문 대학들도 기독교 신앙을 바탕으로 시작된 역사적 배경을 가지고 있습니다.

이처럼 국내외에 기독교적 가치관과 문화를 바탕으로 운영되거나 영향을 받은 대학들이 많기 때문에, 아이들이 어릴 때부터 기독교 문화를 자연스럽게 접하고 경험하는 것은 미래에 이러한 대학에 진학하거나 국제적 환경 속에서 적응할 때 큰 도움이 됩니다. 기독교의 정신과 문화를 미리 이해하고 함께하는 경험은 단순한 신앙을 넘어, 인성 교육과 글로벌 감각을 기르는 데에도 긍정적인 영향을 줄 수 있습니다.

월요일부터 금요일까지는 교육기관에 아이를 맡기고 저녁 시간만 부모님이 함께해 주면 됩니다. 토요일은 여건이 허락하는 한 자연과 함께 지내게 해주고, 주일에는 교회에 보낸다면 우리 아이들이 바르게 잘 자랄 거라고 믿습니다.

아무리 내가 성공했다 해도, 자녀가 불행하다면 진정한 행복은 아닐 것입니다. 자녀의 행복을 위해, 그리고 나 자신의 진정한 행복을 위해, 지금도 살아 계시며 동행하시고, 눈동자처럼 지켜 주시는 '나의 아버지 하나님'이 여러분의 아버지가 되시기를 소망합니다.

3장

글로벌 리더로 자라는 7대 핵심역량
AI 시대, 미래를 여는 아이의 내공

세상을 살아가는 힘 7대 핵심역량 _ 143
첫째, 자기 관리 역량 – 스스로 조절하는 힘 _ 147
둘째, 지식 정보 처리 역량 – 지혜롭게 선택하고 활용하는 능력 _ 156
셋째, 창의적 사고 역량 – 문제를 다르게 보는 시선 _ 161
넷째, 심미적 감성 역량 – 아름다움을 느끼는 힘 _ 166
다섯째, 협력적 소통 역량(의사소통 역량) – 공감하고 표현하는 능력 _ 170
여섯째, 공동체 역량 – 함께 살아가는 세상을 위한 책임감 _ 176
일곱째, 생태 환경 역량 – 지구를 생각하는 작은 실천 _ 180

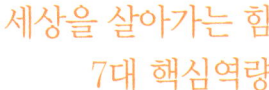

세상을 살아가는 힘
7대 핵심역량

　내 아이를 글로벌 리더로 키우기 위해서는, 먼저 우리나라의 교육 역사를 이해할 필요가 있습니다. 세종대왕이 한글을 창제하기 전까지만 해도, 교육은 양반 계층만의 특권이었습니다. 서민들은 교육을 받을 수 없었고, 오직 양반만이 글을 배우고 지식을 익힐 수 있었습니다.

　1446년 한글이 만들어지면서 비로소 서민들도 문자를 배울 수 있는 길이 열렸지만, 당시 우리나라는 후진국이었기 때문에 여전히 특별한 사람들만 교육의 기회를 누릴 수 있었습니다. 그 후 1895년부터 시작된 일본의 식민 지배는 우리 교육에 큰 전환점을 가져왔습니다. 식민지 기간 한국의 전통 교육이 배제되고, 일본 제국주의 이념을 바탕으로 한 교육이 강제로 시행되었습니다. 일본어와 일본 문화를 주입하고, 주로 실용적인 기술 교육에 집중했던 이 시기에는 산업화를 위한 인재를 양성하는 데 목적이 있었습니다.

　특히, 인문학적 교육을 받게 되면 생각하는 힘이 생기고, 자기 주장을 펼칠 수 있기 때문에, 일제는 '생각하지 않는 교육'을 강요했습니다. 정답을 주입하고 외우게 하는 주입식 교육이 이때부터 자리 잡기 시작한 것입니다.

일제에서 해방 이후 약 80년이 흐르는 동안 우리나라는 후진국에서 개발도상국 대열에 합류하게 되었습니다. 하지만 대량 생산 중심의 사회에서는 창의적이고 비판적인 사고보다, 지시에 잘 따르는 인재가 더 필요했기에, '외우고 시험 보고 잊어버리는' 교육 방식이 오랫동안 지속되었습니다.

그러나 2022년 5월, 우리나라는 공식적으로 선진국으로 분류되었고, 이에 따라 교육의 방향도 근본적인 변화를 맞이하고 있습니다. 2021년 7월, 유엔무역개발회의(UNCTAD)는 한국을 개발도상국에서 선진국으로 지위를 변경하였습니다. 이는 무역 분야에서의 공식적인 인정을 의미하며, 이후 한국 교육도 이러한 변화에 발맞춰 새로운 방향을 모색하고 있습니다.

지식과 기능 중심이 기반이 된 태도와 가치관(인성) 교육을 하여 스스로 살아가는 힘을 길러주는 '삶에 적용 가능한 교육'이 강조되고 있습니다. 이러한 변화에 발맞추어, 우리 교육 정책도 미래 사회가 요구하는 다양한 능력을 갖춘 인재 양성을 위해 '역량 중심 교육'으로 개편되고 있으며, 아이들이 전인적으로 성장할 수 있도록 돕고 있습니다.

24년 3월부터 초·중·고등학교 교육은 단순한 지식 전달에서 벗어나, 졸업 후 실제 삶에 필요한 핵심 역량을 기르는 방향으로 본격적인 전환이 이루어졌습니다. 기존의 객관식 위주의 오지선다형, 사지선다형 평가 방식에서 벗어나, 수행평가와 서술형 평가 중심으로 바뀌고 있는 것이 그 대표적인 변화입니다.

이제는 모르면 답을 쓸 수 없는 시대. 단순히 외운 지식만으로는 평가에 응할 수 없게 된 것입니다. 이러한 변화는 초·중·고등학교에만 국한되지 않습니다. 2025년 개정 누리과정에서도 유아들이 반드시 익혀야 할 7대 핵심 역량이 도입되고 있으며, 이는 우리 아이들의 미래 역량 교육을 위한 중요한 시작점이 됩니다.

7대 핵심 역량에는 자기 관리 역량, 지식 정보 처리 역량, 창의적 사고 역량, 심미적 감성 역량, 협력적 소통 역량, 공동체 역량, 생태 환경 역량이 있습니다. 이러한 역량을 통해 아이들은 삶의 다양한 상황 속에서 문제를 해결하고, 타인과 협력하며, 더 나아가 자신의 꿈을 이루고 행복한 삶을 살아갈 힘을 기르게 됩니다.

우리는 이 역량들을 단순히 교실 안에서 배우는 데 그치지 않고, 실제 삶에 적용하며 성장할 수 있도록 도와야 합니다. 역량교육연구소 김정권 소장에 의하면 청년 박사 중 54%가 백수이고 20~30대 70%가 여전히 부모에게 의존하는 '캥거루족'이며, 집에서 쉬는 청년이 무려 45만명에 달한다고 합니다. 그는 이러한 현상의 주요 원인으로, 지능과 지식 교육에 집중하고, 삶에 대한 긍정적인 태도와 가치관을 길러주는 '역량 교육'을 소홀히 해온 점을 지적합니다.

'능력'이 현재 어떤 일을 할 수 있는 힘이라면 '역량'은 미래에 무엇을 해낼 힘입니다. 역량은 단순히 지식이나 기술만을 의미하지 않습니다. 지식, 기능, 인성(가치, 태도)을 통합적으로 활용하여 복잡한 현실의 문제를 해결하는 힘입니다. 머리로는 생각하고 이해하며 몸으로 행동하고 실천하고, 좋은 인성으로 공감하며 자신의 꿈을 이루고 행복한 삶을 살아갈 수 있도록 역량을 길러주어야 합니다.

세상은 하루가 다르게 변하고 있으며, 코로나19 이후의 시대는 더욱 급격한 변화를 맞이하고 있습니다. 동네에 텔레비전이 한두 대뿐이어서 이웃들이 함께 모여 보던 할머니 세대, 스마트 디바이스와 함께 살아온 디지털 원주민인 엄마 세대, 그리고 태어날 때부터 테크놀로지를 당연하게 받아들인 하이브리드형 세대까지 점점 세대 간의 차이는 더 벌어지고 있습니다. 이제 우리는 자녀와 어떻게 소통할 것인지, 어떻게 교육할 것인지 깊이 고민해야 합니다. 그래야 아이도 잘 자라고, 엄마도 자신의 꿈을 이루며 행복하게 살아갈 수 있습니다.

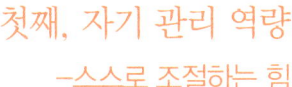

첫째, 자기 관리 역량
-스스로 조절하는 힘

　글로벌 리더로 성장하기 위한 첫 번째 역량은 자기 관리 역량입니다. 아무리 똑똑하고 좋은 학교를 졸업하며 사회적으로 성공한 사람이라도, 자기 관리가 되지 않으면 한순간에 무너질 수 있습니다.

　자기관리 역량이란 삶, 학습, 건강, 진로 등 다양한 영역에서 기초적인 능력과 자질을 스스로 계발하고 관리하여, 끊임없이 변화하는 사회에 유연하게 적응하며 살아갈 수 있는 능력을 말합니다. 이 역량에는 자아 정체성 확립, 자신감 획득, 자기 통제 및 절제, 기본생활 습관 형성, 자신의 감정조절, 건강관리, 시간관리, 기초학습 능력 및 자기 주도 학습 능력, 진로 개발 능력, 합리적 경제생활, 여가선용 등의 하위 요소들이 포함되어 있습니다.

　유아기부터 자기 관리의 기초가 뿌리내릴 수 있도록 돕는 것은 아이가 성장하여 자신의 꿈을 이루고 행복한 삶을 살아가는 데 중요한 밑거름이 됩니다. '경영학의 아버지'라 불리는 피터 드러커 역시 자기 관리의 중요성을 강조하며, 자기 관리의 책임을 전적으로 본인에게 있다고 말했습니다. 피터 드러커는 자신의 강점과 약점을 명확히 파악하여, 잘하는 것은 더 잘할 수 있도록 개발하고, 부족한 부분은 보완하며, 우선순위를 정해 가장 중요한 일에 집중할 것을 조언했습니다.

특히 시간 관리는 자기 관리의 출발점이며, 시간은 가장 중요한 자원으로서 시간을 어떻게 사용하는지가 성공의 방향을 결정짓는 핵심 요소라고 강조했습니다. 아무리 성공적인 삶을 살다가도, 자기 관리가 무너지면 모든 것을 잃는 경우도 많습니다. 세계적인 팝스타 마이클 잭슨은 한 시대를 풍미한 인물이었지만, 자기 관리의 실패(과도한 스트레스와 약물 남용 등)로 인해 안타깝게도 젊은 나이에 세상을 떠났습니다.

유명 연예인 중에서도 자기 관리가 되지 않아 힘든 순간을 술, 마약, 혹은 불건전한 인간관계에 의지하다가 결국 잘못된 길로 빠진 사례를 어렵지 않게 찾아볼 수 있습니다. 문제가 생겼을 때 세상 탓, 남 탓을 하기보다는, 지금의 나는 무엇을 잘못하고 있는지 돌아보며 자신을 관리해야 합니다. 자기 관리야말로 오늘보다 더 나은 내일을 만들어 줄 수 있는 가장 강력한 힘입니다.

이렇게 말하고 있는 저 역시 자기 관리가 쉽지 않아 자주 넘어질 때가 있습니다. 요즘 저에게 가장 중요한 것은 '건강'이기에 운동을 최우선 순위에 두고 있지만, 정작 실천하지 못하는 날이 많습니다. "오늘은 너무 바빠", "오늘은 너무 춥다"거나 "몸이 좀 안 좋다"는 식의 핑계를 대며 자신을 합리화하곤 합니다.

예쁘고 인성도 좋으며 가수로서 성공과 부를 이룬 이효리도 한때 심리적 번아웃과 우울감을 겪었고, 자연 속에서의 삶과 자기 관리를 통해 마음의 평화를 찾아가는 과정을 보여주었습니다. '적을 알고 나를 알면 백전백승'이라는 말이 있습니다. 그러나 실제로는 '적'보다 '나'를 아는 것이 더 어렵습니다. 우리는 남의 눈에 있는 티끌은 잘 보면서도, 자신의 눈에 있는 티끌은 보지 못합니다. 내 눈의 티끌을 보기 위해선 거울을 보거나, 때로는 다른 사람의 말을 통해 나를 객관적으로 바라봐야 합니다. 그런데 많은 사람이 자신에 대해 잘못된 인식을 하고 살아갑니다.

고집이 세서 소통이 어려운 사람이 자신은 정의로워서 타협하지 않는다고 착각하고, 이기적인 사람이 자신은 손해 보지 않기 위해 영리하게 행동한다고 합리화합니다. 삶에서 원하는 대로 일이 풀리지 않을 때는, 자기 자신을 냉정하게 들여다보는 시간이 반드시 필요합니다. 왜냐하면 잘못된 생각이 잘못된 판단으로 이어지고, 결국 잘못된 행동을 낳아 자신을 무너뜨릴 수 있기 때문입니다.

제가 읽은 책 중에서, 저 자신을 돌아보게 하고 깊은 감동을 준 책 한 권을 소개하고자 합니다. 바로 손흥민 선수의 아버지가 쓴 『모든 것은 기본에서 시작된다』입니다. 이 책을 처음 읽었을 때는 글이 너무 좋아서 혹시 대필이 아닐까 의심했을 정도였습니다.

손흥민 아버지는 다리부상으로 국가대표 생활을 4년여 만에 마감한 후, 청소부, 막노동 등 힘한 일을 하며 살아오셨습니다.

그런 분이 쓴 책이라고는 믿기 어려울 만큼, 내용도 표현도 매우 훌륭하였습니다.

학창시절에도 축구에 전념하느라 학교 공부는 제대로 하지 못했다고 합니다. 그런데 그런 그가 쓴 글이 이렇게 진심과 통찰로 가득 차 있다는 사실에 놀라지 않을 수 없었습니다. 책을 읽으며 저는 오늘의 손흥민이 있기까지는 아버지의 헌신과 철저한 철학이 바탕이 되었음을 깊이 느꼈습니다. 이 책은 단순한 운동 지침서나 회고록이 아닌, 한 인간의 진심 어린 삶의 기록이었습니다.

책에는 이런 구절이 나옵니다. "흥민이는 시즌 도중에는 스스로 엄격하게 자기 관리를 한다. 먹고 싶은 것도 놀고 싶은 것도 철저히 차단하고 오로지 축구만 생각한다. 어떠한 일이 잘될 때는 교만해질까 봐 감사하는 마음, 조심스러운 마음을 갖고자 운칠기삼(運七技三)을 되뇌었다. 모든 것은 내가 잘나서가 아니라 운이 좋아 이루어진 일이기에 삶 앞에서 언제나 겸손한 마음, 초심을 지키는 마음을 가져야 한다."

손흥민 선수의 성공은 단지 재능 때문만이 아니라, 겸손함과 자기절제, 그리고 아버지의 철학과 헌신이 만든 결과임을 이 책을 통해 다시 한번 느꼈습니다. "축구보다 사람이 먼저다." 손흥민의 아버지는 상대 선수가 넘어졌을 때, 아무리 골 찬스가 와도 이렇게 말했습니다. "공을 밖으로 차내라. 너는 축구선수이기 이전에 사람이다. 상대방과 싸워 이기는 것이 아니라, 자신과 싸워

이기는 것이 진짜 승리다."

그는 아들을 단순히 축구선수로 키운 것이 아니라, 인간으로서의 품격과 철학을 가진 사람으로 키워낸 것입니다. 이런 가치관 속에서 자란다면, 누구든 손흥민처럼 자신의 꿈을 이룰 수 있겠지요. 손흥민의 아버지는 매일 자신만의 루틴을 실천하며 자기관리의 모범을 보여줍니다. 그가 말하는 다섯 가지 기본은 다음과 같습니다.

① 공 차는 것

② 체육관에서 운동하는 것

③ 운동장에서 뛰는 것

④ 사색하는 것

⑤ 책을 읽는 것

그는 새벽 3시 30분에 기상해 개인 운동을 하고, 집을 청소하며 하루를 시작합니다. 특히 독서에 대한 자세는 놀라울 정도입니다. 마음을 단련하고 세상과 소통하는 도구로 책을 꼽으며, 1년에 약 100권의 책을 읽는다고 합니다. 그는 한 권의 책을 최소 3독을 하고, 핵심 내용을 노트에 옮겨 적습니다.

책 속의 문장에 밑줄을 긋다 종이가 뚫릴 만큼 열정적으로 읽고, 여백에는 빼곡하게 자기 생각을 메모한다고 합니다. 이 정도로 몰입해서 독서를 지속한다면, 누구라도 책을 쓰고, 자신을 성장시키는 삶을 살아갈 수 있을 것입니다.

우리 원에서는 자기 관리 역량을 키우기 위해 기본생활 습관,

자기 조절 능력, 건강관리, 자아 정체성(자신감, 자존감), 기초학습 능력을 중심으로 교육하고 있습니다. 자랑스러운 손흥민처럼 내 아이도 자기 관리가 잘된 아이로 성장하기를 바란다면, 유아기부터 가정에서 실천해야 할 자기 관리 방법을 알아보겠습니다.

자기 관리 역량은 자녀가 건강한 습관을 형성하고, 원활한 사회적 관계를 맺으며, 스트레스를 효과적으로 조절할 수 있도록 돕는 중요한 능력입니다.

첫째, 감정 관리

유아기는 아이가 감정을 표현하고 다루는 방법을 배우는 중요한 시기입니다. 이 시기에는 부모, 특히 엄마가 자녀가 느끼는 감정을 인식하고 표현할 수 있도록 도와야 합니다. 자녀가 화가 났거나 슬플 때 "지금 화가 났구나", "슬퍼서 눈물이 나는구나" 하고 말해주며 감정을 알아차릴 수 있도록 도와주세요. 감정을 억누르기보다 있는 그대로 받아들이고 적절히 표현하는 법을 배우는 것이 중요합니다.

특히 남아를 키울 때 강하게 키운다고 '남자가 울면 안 돼, 참아야지, 뚝!' 같은 말로 감정을 억제하다 보면, 자신의 감정을 표현하지 못하고 주먹으로 해결하려는 아이로 자랄 수 있습니다.

아이들은 자신이 느끼는 감정을 인식하고, 언어로 표현하며, 적절한 방법으로 조절하는 연습을 해야 합니다. 감정 조절 방법도 함께 가르쳐주세요. 울고 싶을 때 울게 하기, 깊게 심호흡하며 마음을 가라앉히기, 하나님께 기도하며 자기 생각 말하기, 엄마에게 속마음을 이야기하기 등 다양한 방법으로 감정을 풀어낼 수 있도록 돕는 것이 필요합니다.

둘째, 시간 관리

시간 관리는 자기관리에서 매우 중요한 요소입니다. 엄마는 자녀에게 일상적인 루틴을 설정해 주어 시간 관리의 기초를 가르칠 수 있습니다. 아침에 일어나는 시간, 식사 시간, 놀이 시간, 책 읽는 시간, 잠자는 시간 등을 정해 주고 일관되게 지키는 습관을 길러주세요.

이러한 루틴은 자녀가 시간의 흐름을 이해하고 스스로 일정을 조절하는 능력을 키우는 데 큰 도움이 됩니다. 또한 자녀와 함께 일정을 계획하거나 목표를 설정하는 활동을 통해 시간을 주도적으로 사용하는 힘을 길러줄 수 있습니다.

셋째, 목표 설정

자녀가 스스로 목표를 설정하고 이를 달성하는 경험을 하도록 도와주는 것도 중요합니다. 처음에는 작고 쉬운 목표부터 시작하여 점차 큰 목표로 나아갈 수 있도록 유도합니다. "오늘은 블록을 10개 쌓아보자."와 같은 간단한 목표를 설정하고, 이를 달성했을 때 따뜻한 칭찬과 격려를 아끼지 마세요. 이러한 경험은 자녀에게 성취감을 주고 자기 효능감을 높여, 앞으로 도전적인 과제에도 긍정적으로 접근하는 태도를 길러줍니다.

넷째, 자원 관리

자원 관리란 시간, 물질, 에너지 등을 다양한 자원을 효율적으로 사용하는 능력을 말합니다. 엄마는 자녀에게 장난감이나 학용품을 스스로 정리하는 습관을 가르쳐 줄 수 있습니다. "장난감을 가지고 논 후에는 제자리에 놓아야 해."라고 말하며 정리 정돈의 중요성을 알려줍니다. 또한, 자원을 아끼고 소중히 여기는 태도를 심어주는 것도 중요합니다. 물을 아껴 쓰기, 음식물 쓰레기를 줄이기 등 일상 속에서 작은 실천으로 자원 관리의 가치를 체험할 수 있도록 도와주세요.

다섯째, 스트레스 관리

유아기 자녀도 크고 작은 스트레스를 경험할 수 있습니다. 엄마는 자녀가 스트레스를 인식하고 건강하게 풀어내는 방법을 배울 수 있도록 지도해야 합니다. 놀이, 운동, 미술 활동 등 자녀가 좋아하는 활동을 통해 스트레스를 해소할 수 있도록 도와주세요. 또한 자녀와 충분히 시간을 보내며 정서적 지지를 제공하고, 자녀가 어려움을 겪을 때 언제든지 마음을 털어놓을 수 있는 안전한 환경을 마련해주는 것이 중요합니다.

여섯째, 자기 돌봄

자기 돌봄의 중요성을 어릴 때부터 배우는 것은 매우 중요합니다. 엄마는 자녀에게 건강한 식습관, 규칙적인 운동, 충분한 수면의 중요성을 알려주고 실천할 수 있도록 도와주세요. 이러한 습관은 자녀가 자신의 건강을 스스로 관리하는 데 큰 도움이 됩니다. 엄마는 다양한 측면에서 자녀에게 긍정적인 모델이 되어야 하며, 이를 통해 자녀가 건강하고 행복을 삶을 영위할 수 있도록 도와주는 것이 중요합니다.

  이처럼 자기 관리 역량은 자녀가 성장해가는 전 과정에서 지속적으로 요구되는 핵심 능력이며, 이를 기르기 위해서는 엄마의 꾸준한 관심과 따뜻한 지도가 필요합니다.

둘째, 지식 정보 처리 역량
-지혜롭게 선택하고 활용하는 능력

지식 정보 처리 역량은 현대 사회에 매우 중요한 능력으로, 정보를 효과적으로 수집하고 분석하며 활용하는 능력을 의미합니다. 흔히 "아는 만큼 보인다."는 말이 있듯, 정보가 넘쳐나는 시대에는 단순히 많이 아는 것보다 필요한 정보를 분별하고, 습득하며 정리하는 능력이 필수적입니다. 이 역량은 실생활 속에서도 다양한 방식으로 적용될 수 있습니다.

첫째, 정보 검색 및 평가

인터넷이나 각종 매체에서 정보를 검색할 때는 신뢰할 수 있는 출처를 선택하고, 그 정보를 비판적으로 평가하는 능력이 중요합니다. 뉴스 기사를 읽을 때는 출처와 저자를 확인하고, 여러 출처와 비교하여 사실 여부를 검증하는 습관을 기르는 것이 필요합니다.

둘째, 데이터 분석

개인의 재정 관리나 건강 관리를 할 때 자료를 수집하고 분석하는 능력을 활용할 수 있습니다. 가계부를 작성해 수입과 지출을 분석하거나, 운동 기록을 통해 자신의 건강 상태를 점검하는 활동이 여기에 해당합니다.

셋째, 문서 작성 및 프레젠테이션

정보를 정리하고 명확하게 전달하는 능력도 중요한 역량입니다. 보고서나 프레젠테이션을 작성할 때 핵심 정보를 명확하게 전달하고, 시각 자료를 활용해 이해를 돕는 방법을 연습해보는 것이 좋습니다.

넷째, 문제 해결

일상에서 문제를 해결하려면 관련 정보를 수집하고 분석하는 과정이 필요합니다. 가전제품이 고장 났을 때, 관련 정보를 검색하여 문제의 원인을 진단하고 해결책을 찾는 과정이 이에 해당합니다.

다섯째, 디지털 리터러시

다양한 디지털 도구와 플랫폼을 활용하여 정보를 처리하는 능력을 기르는 것이 중요합니다. 엑셀을 사용하여 데이터를 정리하고 분석하거나, 소셜미디어를 통해 정보를 공유하고 소통하는 방법을 익히는 것도 지식 정보처리 능력의 일부입니다.

여섯째, 지식 공유

자신이 습득한 정보를 다른 사람과 공유하는 능력도 중요합니다. 블로그를 운영하거나, 소셜미디어에서 유용한 정보를 나누는 활동은 지식의 확장과 소통 능력 향상에 도움이 됩니다.

일곱째, 지속적인 학습

정보는 끊임없이 변화하기 때문에 새로운 정보를 지속적으로 학습하고 업데이트하는 태도가 필요합니다. 독서, 온라인 강의, 세미나, 워크숍 등을 통해 최신 정보를 습득하고 이를 실생활에 적용하려는 노력이 중요합니다. 이와 같은 방법들을 통해 지식 정보처리 역량을 생활 속에서 실천할 수 있으며, 이를 통해 더 나은 의사결정 능력과 문제 해결 능력을 기를 수 있습니다.

이 역량의 하위 요소로는 논리적 사고력, 비판적 사고력, 정보 수집 및 분석 능력, 정보 활용 능력, 원시 매체 활용 능력, 문제 해결 능력이 있습니다. 유아에게 지식 정보처리 역량을 길러주기 위해서는, 발달 단계에 맞춰 간단하고 재미있게 접근하는 것이 중요합니다. 아래에 몇 가지 효과적인 방법을 소개합니다.

첫째, 탐색 활동

유아가 주변 환경을 자유롭게 탐색 할 수 있도록 도와주는 활동은 호기심과 관찰력을 키우는 데 큰 도움이 됩니다. 자연을 함께 관찰하거나, 박물관과 동물원 등을 방문하여 다양한 정보를 직접 보고 듣고 경험하게 하는 것이 좋은 방법입니다.

둘째, 책 읽기

다양한 주제의 그림책을 함께 읽으며 이야기를 나누는 것은 유아의 언어 능력과 사고력을 기르는 데 효과적입니다. 책을 읽은 후에는 "이야기 속 주인공은 왜 그렇게 했을까?"와 같은 질문을 던지거나, "이야기를 짧게 다시 말해볼까?"와 같이 내용을 요약하게 해보는 활동도 좋습니다.

셋째, 놀이를 통한 학습

블록 쌓기, 퍼즐 맞추기, 역할 놀이 등 다양한 놀이 활동은 유아의 문제해결 능력과 창의력을 길러줍니다. 이러한 놀이 속에서 유아는 정보를 자연스럽게 이해하고 적용하는 방법을 익히게 됩니다.

넷째, 정보 정리하기

유아가 수집한 정보나 흥미를 느끼는 주제를 바탕으로 그림이나 도표로 정리해 보도록 유도할 수 있습니다. 예를 들어, 좋아하는 과일이나 동물에 대한 그림을 그리거나 스티커를 붙이는 활동을 통해 정보를 시각적으로 표현하는 법을 배울 수 있습니다.

다섯째, 질문하기

유아가 궁금한 점에 대해 스스로 질문하도록 격려하고, 함께 생각해보는 시간을 갖는 것이 중요합니다. 이러한 대화를 통해 아이는 비판적 사고력과 표현력을 자연스럽게 키워갈 수 있습니다.

여섯째, 디지털 도구 활용

유아교육에 적합한 디지털 교육법이나 프로그램을 활용하면, 아이들이 재미있게 정보를 배우고 처리하는 방법을 익힐 수 있습니다. 아날로그 방식만을 고집하는 것은 이제 시대에 맞지 않습니다. 목적지까지 가는 방법에도 도보와 자동차가 있듯, 디지털 도구 역시 효율적인 수단이 될 수 있습니다.

자동차 사고 위험이 있다고 해서 무조건 걸어서만 다니지 않듯, 디지털의 부작용만을 이유로 무조건 배제할 수는 없습니다. 현대 사회에서 디지털 도구의 활용은 선택이 아닌 필수입니다. 중요한 것은 아날로그와 디지털을 상황에 맞게 활용할 수 있도록 도와줘야 합니다.

일곱째, 사회적 상호 작용

또래 친구들과의 상호작용을 통해 정보를 공유하고 협력하는 경험을 쌓는 것도 매우 중요합니다. 그룹 활동이나 팀 프로젝트를 통해 서로의 의견을 듣고, 함께 문제를 해결해보는 경험은 사회성과 사고력을 함께 키우는 데 큰 도움이 됩니다.

이러한 다양한 활동을 통해 유아는 자연스럽게 지식 정보 처리 역량을 키워가며, 이는 전반적인 인지 발달과 사회적 성장에도 긍정적인 영향을 미칩니다.

셋째, 창의적 사고 역량
–문제를 다르게 보는 시선

창의적 사고 역량이란, 다양한 영역에 대한 폭넓은 기초 지식과 자신의 전문 분야에 대한 깊이 있는 지식을 바탕으로 새롭고 독창적인 아이디어를 만들어내며, 이를 다양한 분야의 지식, 기술, 경험과 융합하여 창의적으로 활용하는 능력을 말합니다. 세계적으로 성공한 많은 인물은 탁월한 창의적 사고력을 지닌 사람들이 많습니다.

유아기에는 아이가 무엇을 좋아하고 잘하는지 알아가기 위해 다양한 경험을 제공하고 능력을 균형 있게 키워주는 것이 중요합니다. 그중에서도 창의적 사고 역량은 아이가 문제를 스스로 해결하고 새로운 아이디어를 생각해 내는 데 큰 도움이 되며, 글로벌 리더로 성장하는 데 꼭 필요한 핵심 역량입니다. 다음은 유아와 함께 창의적 사고 역량을 키울 수 있는 실천 방법입니다.

첫째, 상상력 자극하기: 역할 놀이

아이와 함께 의사, 요리사, 경찰관 등 다양한 역할 놀이를 해 보세요. 이 과정을 통해 아이는 상황을 설정하고, 문제를 해결하는 법을 자연스럽게 배우며 상상력을 마음껏 펼칠 수 있습니다.

둘째, 다양한 재료로 만들기: 미술 활동

색종이, 자연물(나뭇잎, 돌 등), 재활용품 등을 활용한 미술 활동은 아이의 창의 표현력을 키우는 좋은 기회가 됩니다. 무엇을 어떻게 만들지 자유롭게 상상하고 표현할 수 있도록 따뜻하게 격려해 주세요.

셋째, 질문하기: 호기심 키우기

아이가 궁금해하는 것에 대해 질문을 던져보세요. "왜 하늘은 파랄까?", "어떻게 비가 내릴까?" 같은 질문을 통해 아이의 호기심을 자극해보세요. 스스로 생각하고 답을 찾아가는 과정에서 창의적 사고력과 사고의 폭이 넓어집니다.

넷째, 이야기 나누기: 책 읽고 생각 나누기

다양한 주제의 그림책을 읽은 후, 등장인물이나 줄거리에 대해 질문해 보세요. 아이의 생각을 들어주고, 자기 의견을 표현할 수 있도록 이끌어주는 것은 언어 표현력과 창의성 향상에 매우 효과적입니다.

다섯째, 자연 탐험: 자연 관찰하기

공원이나 정원에서 자연을 관찰하며 다양한 생물과 환경에 관해 이야기해 보세요. 나무, 꽃, 곤충 등을 관찰하면서 아이가 느끼는 감정이나 생각을 나누는 것이 좋습니다. 자연 속의 다양한 자극은 아이의 감성적 창의성과 탐구심을 자라게 합니다.

여섯째, 문제 해결 게임: 퍼즐과 보드게임

퍼즐 맞추기, 간단한 보드게임 등은 아이가 논리적으로 생각하고 문제를 해결하는 능력을 키우는 데 도움이 됩니다. 게임 속에서 아이가 스스로 전략을 세우고 친구와 협력하는 경험도 함께 얻게 됩니다.

일곱째, 음악과 춤: 감정 표현하기

다양한 음악을 들으며 함께 춤을 추거나 간단한 악기를 연주해보세요. 음악은 아이의 창의성을 자극하고 감정을 표현하는 데 큰 도움이 됩니다.

여덟째, 일상 속의 창의성: 일상적인 활동에 창의성 더하기

요리할 때 아이와 함께 재료를 선택하고, 새로운 요리를 함께 만들어 보세요. 위험하다는 이유로 숟가락이나 젓가락 놓기처럼 단순한 일만 시키지 말고, 나물 무치기, 무 썰기, 양념하기 등 아이가 안전하게 참여할 수 있는 다양한 과정에 함께하도록 해보세요. 이런 경험은 아이의 창의성과 자신감을 키우는 데 큰 도움이 됩니다. 또한 집안의 물건을 새롭게 배치하며 변화시키는 것도 상상력과 기획력을 자극하는 좋은 활동입니다.

이처럼 창의적 사고 역량은 자유롭게 상상하고 표현할 수 있는 환경 속에서 자라납니다. 엄마와 함께 즐겁게 시간을 보내며 아이의 창의력을 키워주세요. 창의성은 아이의 미래를 밝혀주는 소중한 자산이 될 것입니다.

창의적 사고 역량의 하위 요소에는 창의적 사고 기능, 창의적 사고 성향, 융합 활용 연계 능력, 그리고 융합력이 있습니다. 창의적 사고 기능에는 유창성, 융통성, 독창성, 정교성, 유추성이

포함되며, 창의적 사고 성향에는 민감성, 개방성, 독립성, 과제 정확성, 자발성이 해당합니다.

이와 함께 창의적 사고 역량은 다양한 분야의 지식과 기술을 통합적으로 활용하는 융합 활용 연계 능력과 이를 창의적으로 연결해내는 융합력을 포함합니다. 창의적 사고 역량이 높은 사람들은 다양한 분야에서 탁월한 성과를 보이며, 그들의 사고방식과 경험은 이러한 역량이 어떻게 발달할 수 있는지에 대한 깊은 통찰을 제공합니다.

일론 머스크는 테슬라와 스페이스X의 CEO로서 혁신적인 기술과 비즈니스 모델을 창출하며 창의적 사고의 대표적인 인물로 평가받습니다. 그는 문제 해결을 위한 비판적 사고와 실험적 접근 방식을 중시하며, 이를 통해 끊임없이 새로운 가능성에 도전합니다.

또 다른 인물, 스티브 잡스는 애플의 공동 창립자로서 디자인과 사용자 경험을 중시하며 제품 혁신을 이끈 인물입니다. 그의 창의적 사고는 예술과 기술의 융합을 통해 빛을 발했으며, 창의적 사고가 어떻게 실제 결과로 이어질 수 있는지를 보여주는 대표적인 사례입니다.

창의적 사고 역량의 개발 방법

- 다양한 경험: 창의적 사고는 다양한 경험을 통해 발전합니다. 따라서 여러 분야의 지식과 경험을 쌓는 것이 매우 중요합니다. 예를 들어, 일론 머스크는 물리학, 경제학, 컴퓨터 과학 등을

다양한 분야를 학습하며 폭넓은 사고력을 키웠습니다.

• 비판적 사고 훈련: 문제를 다양한 각도에서 바라보고 기존의 틀을 깨는 사고방식을 훈련하는 것이 필요합니다. 이는 창의적 문제 해결 능력 향상에 도움이 됩니다.

• 협업과 소통: 다른 사람들과의 협업을 통해 새로운 아이디어를 얻고, 다양한 관점을 수용하는 것이 창의적 사고를 증진 시킵니다. 브레인스토밍과 같은 기법이 효과적입니다.

창의적 사고를 높이는 구체적인 방법

• 일상에서의 실험: 일상 속에서 새로운 아이디어를 실험해 보는 것이 중요합니다. 실패를 두려워하지 않고 다양한 접근 방식을 시도하면, 창의성을 키우는 데 큰 도움이 됩니다.

• 독서와 학습: 다양한 주제에 대한 독서를 통해 사고의 폭을 넓히고 새로운 아이디어를 얻는 것도 창의력 향상에 효과적입니다.

창의적 사고 역량이 뛰어난 사람은 때때로 독창적이라는 이유로 별난 사람처럼 보일 수도 있습니다. 그러나 협업과 소통을 통해 새로운 아이디어를 창출하고, 일상 속 실험과 꾸준한 독서를 통해 지속적으로 사고를 확장하며 올바른 태도를 갖춘다면, 세계를 빛내는 글로벌 리더로 성장할 수 있습니다.

넷째, 심미적 감성 역량
−아름다움을 느끼는 힘

　심미적 감성 역량이란, 개인의 감성과 미적 경험을 바탕으로 세상을 아름답게 바라보고, 나아가 사회적 변화를 이끌어내는 능력을 말합니다. 이 역량은 단순한 감성 표현을 넘어, 성찰, 상상, 개방성, 감수성, 공감 능력 등을 포함하며, 개인의 삶의 질 향상은 물론 사회적 변혁의 가능성까지 제시합니다.
　심미적 감성 역량은 개인이 미적 경험을 통해 감정을 이해하고 표현하는 능력입니다. 이는 예술적 감수성과 관련이 깊으며 개인의 정서적·사회적 발달에 긍정적인 영향을 줍니다. 하위 요소로는 문화적 소양과 감수성, 문화 예술 향유 능력, 다원적 가치 존중, 문화적 상상력, 타인 공감 능력, 정서적 안정감, 행복한 삶의 추구와 향유 능력들이 포함됩니다.
　그 대표적인 사례로 아인슈타인을 들 수 있습니다. 아인슈타인은 뛰어난 바이올린 연주 실력을 갖춘 것으로 유명하며, 그의 음악적 재능은 그의 삶과 사고에 깊은 영향을 주었습니다. 아인슈타인은 음악과 수학이 서로 연결되어 있다고 믿었고, 음악을 통해 수학적 패턴과 구조를 이해하는 데 도움을 받았으며, 이는 그의 물리학적 사고에 긍정적인 영향을 미쳤습니다. 또한, 음악적 경험은 그에게 창의적 사고를 촉진하고 복잡한 문제를 해결하는 데 필요한 직관을 길러주는 역할을 했습니다.

아인슈타인은 바이올린 연주를 통해 자신의 감정을 표현하고 스트레스를 해소했으며, 음악은 그에게 감정적 안정과 평화를 제공하는 소중한 수단이었습니다. 아인슈타인에게 음악은 단순한 취미가 아니라, 그의 사고와의 깊이를 더하고 삶의 질을 높여준 중요한 요소가 되어주었습니다.

스티브 잡스는 미술을 배운 경험을 바탕으로 디자인과 기술을 융합하여, 혁신적인 제품인 아이폰을 아름답게 디자인해 탄생시켰습니다. 그의 디자인 철학은 단순한 기능성을 넘어, 사용자의 경험과 미적 아름다움을 중시하는 방향으로 발전시켰습니다. 미술 교육을 통해 창의적인 사고를 발전시킬 수 있었고, 이는 기술적 한계를 넘어서는 제품을 만드는 데 큰 도움이 되었습니다. 아이폰은 단순한 통신 기기를 넘어서, 사용자에게 감동을 주는 경험을 제공하는 제품으로 자리 잡았습니다.

스티브 잡스는 레오나르도 다빈치를 자신의 영웅으로 여기며, 그의 작품에서 많은 영감을 얻었습니다. 다빈치의 예술적 접근 방식과 창의적인 사고는 잡스의 디자인 철학과 혁신적인 개발 과정에 큰 영향을 미쳤습니다. 잡스는 다빈치를 매우 좋아하여, 다빈치 노트를 무려 349억 원에 구입해 매일 보며 아이디어를 구상했다고 합니다. 다빈치의 창의성과 끝없는 호기심은 잡스의 디자인 철학과 제품 개발에 중요한 역할을 했으며 이는 애플의 성공적인 제품 라인업에 고스란히 반영되었습니다.

피카소는 현대 미술의 거장으로, 입체파 화풍을 창시한 인물입니다. 그의 작품은 강한 감정과 감성을 강하게 표현하며, 다양한 스타일을 통해 예술의 경계를 확장했습니다. 피카소는 예술을 통해 세상을 바라보는 새로운 시간을 제시하였으며, 이처럼 심미적 감성을 갖춘 인물들은 각 분야에서 독창적이고 혁신적인 성과를 이루어냈습니다. 그들의 성공은 감성을 이해하고 표현하는 능력이 얼마나 중요한지를 잘 보여줍니다.

이러한 역량은 단순히 예술적 재능에만 국한되지 않으며, 다양한 분야에서 성공을 이끄는 중요한 요소임을 알 수 있습니다. 이와 같은 사례들은 심미적 감성 역량이 개인의 성장과 성공에 긍정적인 영향을 미친다는 사실을 분명하게 보여줍니다. 이처럼 우리 삶에 중요한 심미적 감성 역량을 발달시켜, 더 아름답고 조화로운 세상을 만들어가야 할 것입니다.

유아기에 길러야 할 심미적 감성 역량

유아기에 가정에서 길러야 할 심미적 감성 역량은 아이들이 주변 세계를 이해하고 아름다움을 느끼며, 이를 창의적으로 표현할 수 있도록 돕는 중요한 요소입니다.

다음은 유아기 아이들에게 꼭 필요한 심미적 감성 역량과 그 구체적인 내용입니다.

첫째, 아름다움 인식: 유아는 자연과 일상생활 속에서 아름다움을 찾아보며, 다양한 소리와 색깔, 형태를 경험합니다.

둘째, 감정 표현: 음악, 미술, 움직임 등을 통해 자신의 감정과 느낌을 자유롭게 표현하는 능력을 기릅니다.

셋째, 창의성 발달: 다양한 재료와 도구를 사용하여 창의적인 활동을 수행함으로써 새로운 것을 경험하고 모험을 즐기며 문제 해결 능력을 키웁니다.

가정에서의 실천 방법

첫째, 자연 탐색: 아이와 함께 자연을 탐험하며 꽃, 나무, 동물 등을 관찰하고 그 아름다움에 대해 이야기를 나눕니다.

둘째, 예술 활동: 미술 재료를 제공해 아이가 자유롭게 그림을 그리고 만들기를 하도록 격려합니다. 이는 자유로운 표현과 창의력 발달에 큰 도움이 됩니다.

셋째, 음악과 춤: 다양한 음악을 듣고 함께 춤을 추거나 노래를 부르게 하여, 아이가 리듬과 감정을 자연스럽게 느끼고 표현할 수 있도록 합니다.

넷째, 감각 놀이: 다양한 질감, 색상, 소리를 가진 물체를 이용한 감각 놀이를 통해 아이의 감각을 자극하고 정서를 풍부하게 합니다.

유아기부터 가정에서 심미적 감성 역량을 기르는 것은, 아이들이 세상을 이해하고 자신을 건강하게 표현하는 데 매우 중요한 역할을 합니다. 이러한 활동들은 아이의 창의성과 감성을 풍부하게 하여 건강한 정서 발달에 도움을 줍니다. 가정에서의 작은 실천이 아이의 미래에 큰 영향을 줄 수 있음을 기억해야 합니다.

다섯째, 협력적 소통 역량(의사소통 역량)
—공감하고 표현하는 능력

협력적 소통 역량은 개인이 타인과 효과적으로 소통하고 협력하여 공동의 목표를 달성 할 수 있는 능력을 의미합니다. 이 역량은 현대 사회에서 매우 중요한 요소로 다양한 분야에서의 성공적인 협업을 가능하게 합니다.

협력적 소통 역량은 타인과의 협력과 상호존중을 바탕으로 한 의사소통 능력입니다. 이는 단순한 정보 전달을 넘어 상대방의 관점을 존중하고 경청하며 자기의 생각과 감정을 효과적으로 표현하는 능력을 포함합니다. 아무리 전문 분야에서 성공했다고 해도, 타인과 관계를 맺지 못해 혼자 외롭게 살아간다면 그 성공이 무슨 의미가 있을까요?

협력적 소통 역량의 하위 요소에는 말하기, 듣기, 읽기, 쓰기와 같은 기초적인 의사소통 능력과 함께 문해력, 독해력, 수해력 등의 정보 이해 및 활용 능력이 포함됩니다. 또한 타인을 이해하고 존중하는 능력, 갈등을 조절하는 능력, 2022 개정 교육과정에서 제시된 영어와 의사소통 역량, 그리고 표현 능력(말하기, 쓰기, 제시하기), 이해 능력(듣기, 보기, 읽기)도 협력적 소통 역량의 핵심 구성 요소입니다.

이러한 요소들은 개인이 사회 속에서 타인과 원활하게 소통하고 협력하며, 공동의 목표를 달성하기 위해 필수적인 능력들입니다.

협력적 소통 역량의 주요 기능

- 문제 해결: 협력적 소통은 집단의 목표 달성과 협력적 문제 해결을 위한 의사소통을 촉진합니다. 공동의 문제를 해결하기 위해 의견을 조율하고 대안을 모색하는 과정에서 중요한 역할을 합니다.
- 상호존중: 협력적 소통은 상호존중을 바탕으로 하며, 다양한 의견과 관점을 수용하고 조화롭게 통합하는 데 기여합니다. 의견이 다를 때에도 상대방을 존중하며 소통할 수 있어야 진정한 협력으로 이어질 수 있습니다.
- 조직 내 협력: 조직이나 팀 내에서 협력적 소통 역량은 팀워크를 강화하고, 구성원 간의 신뢰를 구축하여 효율적인 협업을 가능하게 합니다.

협력적 소통 역량은 개인의 성공뿐만 아니라 팀과 조직의 성과에도 직접적인 영향을 미칩니다. 이 역량을 개발함으로써 우리는 더 나은 협업 환경을 조성하고 다양한 문제를 효과적으로 해결할 수 있습니다. 또한 협력적 소통은 현대 사회에 필수적인 기술로, 이를 통해 더 나은 관계를 형성하고 공동의 목표를 달성할 수 있습니다.

그렇다면 협력적 소통 역량을 기르기 위해 우리는 무엇을 실천해야 할까요? 다음과 같은 네 가지 핵심 요소를 갖추는 것이 중요합니다.

첫째, 경청의 태도를 갖추어야 합니다.

상대방의 의견을 주의 깊게 듣고 이해하는 경청은 소통의 시작입니다. 경청이 잘되지 않는 사람들이 주위에 너무나 많습니다. 안되는 이유는 상대방보다는 내 관점에서 말하고 싶어서 귀담아 듣지 않을 때가 많습니다. 하지만 잘 들어줄 때 진정한 협력이 이루어지고 소통이 가능해집니다.

둘째, 자기의 생각과 감정을 명확하게 전달할 줄 알아야 합니다.

어른이나 상사, 부모 앞에서 위축되어 말하지 못하거나, 반대로 자기주장이 지나치게 강해 상대의 마음을 상하게 하는 것은 모두 바람직한 소통이 아닙니다. 자기의 생각을 말할 때도, 상대방을 존중하는 기본을 갖추면서 말할 때 소통이 됩니다. 말을 잘하는 것 또한 중요한 사회적 역량입니다.

셋째, 공동의 목표를 향해 상호작용하는 능력을 키워야 합니다.

"동업은 하지 말라."는 말도 있지만, 빌 게이츠처럼 함께 협력하여 큰 성과를 이루어낸 사례도 있습니다. "멀리 가려면 함께 가라."는 말처럼, 협력은 혼자서는 이룰 수 없는 큰일을 가능하게 합니다.

넷째, 갈등 상황에서 효과적으로 대응하는 능력을 길러야 합니다.

함께 일하다 보면 갈등은 피할 수 없습니다. 의견 충돌이나 감정의 차이를 조율하며 문제를 해결하는 능력은 협력적 소통의 핵심 역량 중 하나입니다.

협력적 소통 역량은 개인의 성공뿐만 아니라 팀과 조직의 성과에도 직접적인 영향을 미칩니다. 이 역량을 개발함으로써 우리는 더 나은 협업 환경을 조성하고 다양한 문제를 효과적으로 해결할 수 있습니다. 또한 협력적 소통은 현대 사회에 필수적인 기술로 이를 통해 우리는 더 나은 관계를 형성하고 공동의 목표를 달성할 수 있습니다.

요즘 아이들은 모두가 공주이고 왕자처럼 자라나, 자신이 먼저 다가가서 협력하기보다는 다른 사람이 먼저 다가와 주기를 바라는 경우가 많습니다. 이런 태도는 유아기부터 가정에서 협력적 소통 역량을 길러주지 못한 결과일 수 있습니다. 따라서 유아기부터 엄마의 관심과 실천이 무엇보다 중요합니다. 다음은 가정에서 협력적 소통 역량을 길러주는 구체적인 방법입니다.

첫째, 하브루타 질문을 사용하세요.

아이에게 '네', '아니요'로 대답할 수 없는 "네 생각은 어때?", "왜 그렇게 생각했어?", "그렇구나! 어떻게 그런 멋진 생각을 했니?", "더 좋은 방법은 없을까?" 등과 같은 질문은 아이가 스스로 사고하고 자신의 의견을 표현하는 능력을 길러줍니다.

예를 들어, "엄마 친구가 장난감을 가지고 놀다가 나를 밀쳐서 넘어질 뻔했어."라고 아이가 말한다면, "속상했겠구나. 그래서 어떻게 해주고 싶어?"라고 물어보며 감정을 공감하고, "때려줄 거야"라고 반응할 때는 "많이 속상했구나. 그런데 때려주면 친구가 아플 텐데, 더 좋은 방법이 없을까?"라고 다른 해결 방식을 생각하게 유도해 주세요. "오늘 유치원·어린이집에서 어떤 놀이를 했니?"처럼 개방형 질문을 통해 아이가 자신의 감정과 생각을 자연스럽게 표현할 수 있도록 도와줍니다.

둘째, 공감적 소통을 하세요.

유치원·어린이집에서 돌아온 아이를 꼭 안아주고 "사랑해.", "보고 싶었어."라고 말해보세요. 아이와 눈을 맞추고 아이의 말을 경청하며 아이의 감정을 이해하려고 노력해야 합니다. 상황과 기분을 자녀의 입장에서 느끼고 이 세상에서 제일 좋은 엄마와 공감해주는 소통은 아이의 정서 안정에 큰 도움이 됩니다.

예를 들어, 아이가 "엄마, 있잖아…."하며 다가왔을 때, 식사 준비 중이라 하더라도 "왜? 그렇구나! 그런데 급한 게 아니면 엄마가 하던 일 마치고 얘기해도 될까?"라고 차분히 양해를 구하세요. 아이가 "싫어, 지금 말할래."라고 한다면, 하던 일을 멈추고 아이와 먼저 소통하는 것이 더 현명할 수 있습니다. 대통령보다 소중한 내 아이이기 때문입니다.

셋째, 비언어적 소통도 중요해요.

말로만이 아니라, 미소 짓기, 고개 끄덕이기, 엄지척과 같은 비언어적 반응도 소통에 큰 역할을 합니다. 특히, 아빠의 엄지척 한 번은 엄마의 열 번 칭찬보다 더 강한 효과를 낼 수 있습니다. 이러한 비언어적 소통은 대화의 효과를 높이고 아이가 더 편안하게 자기의 생각을 표현할 수 있도록 도와줍니다.

넷째, 감정은 잘 표현하도록 도와주세요.

아이가 자신의 감정을 건강하게 표현할 수 있도록 돕는 것이 중요합니다. 부모는 아이의 감정을 이해하고 그 감정을 적절하게 표현하는 방법을 가르쳐야 합니다. 5세가 되면 거짓말(꾸며내는 말)과 과장된 표현을 하기도 합니다. 이럴 때 놀라서 혼을 내기보다는 "왜 그렇게 말했을까?"를 물으며 아이의 의도와 감정을 이해한 뒤, 그것이 좋은 표현 방법이 아님을 차분히 가르쳐 주세요.

상담하다 보면 "그러면 우리 아이가 거짓말을 했다는 건가요?"라며 부모가 마음 아파하는 것을 보면 안타까울 때가 있습니다. 그러나 이는 성장 과정 중 나타나는 정상적인 발달의 일부이니, 적절히 대처해주면 반복되지 않습니다.

다섯째, 부모가 소통의 모델이 되어주세요.

아이들은 부모를 보며 자랍니다. 부모가 먼저 올바른 소통 방식을 보여주는 것이 중요합니다. 아이는 부모의 행동을 보고 배우기 때문에 부모가 협력적 소통 역량은 기를 수 있도록 도와야 합니다. 아이와의 소통을 통해 그들의 감정과 생각을 이해하고 건강한 소통 습관을 형성하는 것이 중요합니다. 아이가 자신의 감정을 자유롭고 솔직하게 표현할 수 있는 심리적 안전감을 가진 환경은 협력적 소통 역량을 키우는 데 큰 도움이 됩니다.

"한 사람이면 패하겠거니와 두 사람이면 맞설 수 있나니 세 겹 줄은 쉽게 끊어지지 아니하느니라." (전도서 4:12)

여섯째, 공동체 역량
−함께 살아가는 세상을 위한 책임감

공동체 역량은 '공동체'와 '역량'이 결합된 개념으로, 공동체의 일원으로서 필요한 가치와 태도를 익히고, 공동체 발전에 적극적으로 참여 할 수 있는 능력을 의미합니다. 이는 현대 사회에서 매우 중요한 역량으로, 다양한 사회적 상황에서 협력하고 소통하는 필수 역량입니다.

공동체 역량을 구성하는 하위 요소는 다음과 같은 것들이 포함됩니다. 시민 의식, 준법정신, 환경의식, 규범 및 질서 의식, 갈등 관리 능력, 리더십, 개인 관계 능력, 국제사회 문화 이해 능력, 공정성과 정의감, 협동, 협업 능력, 나눔과 배려 등입니다. 이러한 요소들은 공동체 속에서 조화롭게 살아가기 위한 기반이 되는 가치와 태도입니다.

공동체 역량의 핵심 구성요소
① 공동체성: 공동체 일원으로서의 소속감과 책임감을 느끼는 것
② 협동성: 다른 사람들과 협력하여 공동의 목표를 달성하는 능력
③ 준법성: 법과 규칙을 준수하여 사회의 일원으로서 협동하는 것
④ 봉사성: 지역사회와 공동체를 위해 자발적으로 봉사하는 태도

공동체 역량의 개발 방법

- 교육 프로그램: 학교와 지역사회에서 공동체 역량을 기르기 위한 다양한 교육 프로그램과 체험 활동이 필요합니다. 봉사활동, 팀 프로젝트, 토론 수업 등은 협동과 책임, 배려를 실천적으로 배우는 데 효과적입니다.
- 실천적 경험: 실제 공동체 활동에 참여함으로써 아이들은 협력과 소통의 중요성을 몸으로 체험하고, 공동체 일원의 역할과 책임감을 자연스럽게 배워갈 수 있습니다.
- 공동체 역량: 개인이 사회에서 조화롭게 살아갈 수 있도록 돕는 중요한 능력입니다. 이 역량을 통해 개인은 물론 공동체 전체의 발전에도 기여할 수 있습니다. 공동체의 소중함을 인식하고 함께 살아가는 사회의 일원으로서 책임을 다하는 자세를 갖추는 것이 중요합니다. 또한, 유아기부터 가정에서 공동체 역량을 길러주는 노력이 필요합니다. 다양한 활동과 실천을 통해 아이들이 자연스럽게 사회성과 협동심을 배우고, 더불어 살아가는 삶의 태도를 형성할 수 있도록 도와주는 것이 중요합니다.

공동체 역량을 기르기 위한 가정에서의 실천 방법

첫째, 일상적인 대화와 소통

- 감정표현: 아이가 자신의 감정을 자유롭게 표현할 수 있도록 격려합니다. 이를 통해 타인의 감정을 이해하고 공감하는 능력을 기를 수 있습니다.
- 의견 존중: 가족 간의 대화 속에서 아이의 의견을 존중하고,

진지하게 경청하는 태도를 보여줍니다. 이 경험은 아이가 자신의 의견을 소중히 여기고 자신감을 키우는 데 도움이 됩니다.

둘째, 집안일 참여

- 책임감 부여: 아이가 나이에 맞는 집안일에 참여하도록 유도합니다. 간단한 청소나 정리 정돈 등의 역할을 맡김으로써, 아이는 소속감과 책임감을 느끼게 되고, 이는 자존감 형성에도 긍정적인 영향을 미칩니다.

셋째, 친구와의 놀이 기회 제공

- 사회적 상호작용: 아이가 또래 친구들과 함께 어울릴 기회를 자주 마련해줍니다. 친구들과의 놀이를 통해 자연스럽게 협력, 소통, 갈등 해결 등의 사회적 기술을 배울 수 있습니다.

넷째, 공동체 활동 참여

- 지역사회 참여: 가족이 함께 지역사회 행사나 봉사활동에 참여함으로써, 아이는 공동체의 일원의 역할을 배우고, 더불어 살아가는 삶의 자세를 익힐 수 있습니다.

다섯째, 놀이를 통한 학습

- 역할 놀이: 가게 놀이, 가족 놀이 등 다양한 역할 놀이를 통해 아이가 사회적 역할을 이해하고 타인과의 관계 형성에 필요한 기술을 익히도록 합니다. 놀이를 통해 자연스럽게 협력과 소통을 경험할 수 있습니다.

여섯째, 규칙과 질서 교육

- 가정 내 규칙 설정: 가정에서 지켜야 할 규칙을 아이와 함께

정하고, 그 규칙을 지켜보는 경험을 통해 아이는 질서 의식과 공동체 생활의 책임감을 배울 수 있습니다.

유아기에 가정에서 일상적인 대화, 집안일 참여, 친구와의 놀이, 지역사회 활동, 놀이를 통한 학습, 규칙 교육 등을 통해 아이가 사회적 관계를 형성하고 협력하는 능력을 키울 수 있도록 도와주는 것이 중요합니다. 이러한 경험들은 아이가 성장한 후, 공동체의 일원으로서 긍정적이고 주도적인 역할을 할 수 있는 든든한 기반이 됩니다.

일곱째, 생태 환경 역량
–지구를 생각하는 작은 실천

생태 환경 역량은 개인이 환경 문제를 이해하고, 지속 가능한 삶을 살아가기 위해 갖추어야 할 지식, 태도, 가치관, 기술 등을 포함하는 개념입니다. 이 역량은 환경 보호와 생태계의 지속 가능성을 위해 필수적이며, 개인의 행동이 환경에 미치는 영향을 인식하고, 이를 개선하려는 적극적인 노력을 포함합니다. 이제 생태 환경 역량의 정의와 중요성, 그리고 이를 기르는 방법을 자세히 살펴보겠습니다.

생태 환경 역량의 정의

- 환경 소양: 생태 환경 역량은 환경에 대한 지식, 태도, 가치관, 행동 능력을 모두 포함합니다. 이는 환경 문제를 인식하고, 그 문제를 해결하기 위해 구체적인 행동을 취할 수 있는 능력을 의미합니다.

- 생태 감수성: 생명체와 자연환경에 대해 긍정적인 감정을 갖고, 생태계의 소중함을 인식하는 감성적 능력도 생태 환경 역량의 중요한 부분입니다. 이러한 감수성은 환경을 사랑하고 아끼는 마음의 출발점이 됩니다.

생태 환경 역량의 중요성

• 지속 가능한 발전: 생태 환경 역량은 지속 가능한 발전을 위한 기초가 됩니다. 개인이 환경 문제를 이해하고 이를 해결하기 위한 행동을 취함으로써 사회 전체의 지속 가능성을 높일 수 있습니다.

• 환경 보호: 환경 문제에 대한 인식과 책임 있는 행동은 지구 생태계를 보호하는 데 필수적입니다. 이는 기후 변화, 생물 다양성 감소 등 다양한 환경 문제를 해결하는 데 기여합니다.

• 사회적 책임: 생태 환경 역량은 개인이 사회 구성원으로서 환경 보호에 대한 책임감을 느끼고 이를 실천하는 데 도움을 줍니다.

생태 환경 역량을 기르기 위한 교육 방법

첫째, 교육과 정보 제공

• 환경 교육: 학교나 지역 사회에서 환경 교육 프로그램에 참여하여 환경 문제에 대한 기초 지식을 쌓습니다. 이는 생태 환경 역량을 키우는 데 중요한 출발점이 됩니다.

• 자원 활용: 다양한 매체(책, 다큐멘터리, 온라인 자료 등)를 통해 환경 문제에 대한 정보를 습득하고, 환경에 대한 이해의 폭을 넓힙니다.

둘째, 체험 활동

• 야외 학습: 자연을 직접 관찰하고 체험하는 활동을 통해 생태계의 소중함을 느끼게 합니다. 식물 관찰, 동물 보호소 방문 등

의 활동이 있습니다.

• 봉사 활동: 지역 사회의 환경 보호 활동에 직접 참여함으로써 실질적인 경험을 쌓습니다. 쓰레기 줍기, 나무 심기 등의 활동이 있습니다.

셋째, 지속 가능한 생활 실천

• 일상에서의 실천: 재활용, 에너지 절약, 친환경 제품 사용 등 일상생활에서 실천할 수 있는 지속 가능한 행동을 꾸준히 실천합니다. 이는 생태 환경 역량을 강화하는 데 큰 도움을 줍니다.

• 가족과의 대화: 가족과 함께 환경 문제에 대해 이야기하고, 지속 가능한 생활 방식에 대해 의견을 나누며 실천 방안을 함께 모색합니다.

넷째, 비판적 사고와 문제 해결 능력 기르기

• 문제 인식: 다양한 환경 문제를 인식하고, 이를 해결하기 위한 다양한 방법을 모색하는 훈련을 합니다. 이는 비판적 사고 능력을 기르는 데 도움이 됩니다.

• 토론과 협력: 친구나 가족과 환경 문제에 대해 토론하고 협력하여 해결책을 찾는 경험을 통해 사회적 역량도 함께 기를 수 있습니다.

생태 환경 역량은 개인이 환경 문제를 이해하고, 지속 가능한 삶을 영위하기 위해 필요한 중요한 역량입니다. 이를 효과적으로 기르기 위해서는 교육, 체험 활동, 지속 가능한 생활 실천, 비판적 사고 훈련 등이 균형 있게 이루어져야 합니다. 이러한 노력은 개인의 삶뿐만 아니라 사회 전체의 지속 가능성을 높이는 데 기여합니다. 환경 보호는 우리 모두의 책임이며, 생태 환경 역량을 기르는 것이 그 첫걸음입니다.

유아기에 가정에서 생태 환경 역량을 기르는 방법은 다양합니다. 이 시기는 아이들이 자연과 환경에 대한 감수성을 키우고, 지속 가능한 행동을 배우기에 매우 적절한 시기입니다. 이 시기에 가정에서 실천할 수 있는 다양한 방법들을 소개합니다.

첫째, 자연과의 접촉 기회를 제공합니다.

- 식물 기르기: 집에서 간단한 식물을 기르며 자연의 성장 과정을 관찰하게 합니다. 아이가 직접 물을 주고 돌보는 경험을 통해 생명에 대한 소중함을 자연스럽게 느끼게 합니다.
- 동물 관찰: 애완동물을 기르거나 주변에의 동물을 관찰하는 활동을 통해 생명체에 대한 이해와 애정을 키울 수 있습니다.

둘째, 자연 탐험을 함께합니다.

- 야외 활동: 가족과 함께 공원이나 자연 보호 구역을 방문하여 자연을 탐색하는 시간을 갖습니다. 다양한 식물과 동물을 관찰하며, 자연의 아름다움에 대해 이야기합니다. 생명의 소중함에 대해 이야기 나누는 것이 좋습니다.
- 자연 놀이: 아이가 자연에서 자유롭게 놀 기회를 제공합니다. 나뭇잎이나 돌, 흙 등 자연물을 활용한 놀이를 통해 자연과의 친밀감과 호기심을 자연스럽게 키울 수 있습니다.

셋째, 환경 교육을 일상 속에서 실천합니다.

- 환경 관련 책 읽기: 유아에게 환경과 자연에 대한 그림책을 읽어주며 자연에 대한 호기심과 관심을 키웁니다.
- 환경 문제 이야기하기: 일상에서 접할 수 있는 환경 문제(쓰레기 문제, 기후 변화 등)에 대해 간단히 이야기하며 아이가 문제를 인식하고 생각할 수 있도록 유도합니다.

넷째, 지속 가능한 생활을 실천하게 합니다.

- 재활용 교육: 가정에서 재활용을 함께 실천하며, 아이에게 재활용의 중요성을 가르칩니다. 쓰레기를 분리 배출하는 과정을 함께 경험함으로써 환경 보호의 기본 개념을 자연스럽게 익힐 수 있습니다.
- 친환경 제품 사용: 가능한 친환경 제품을 사용하고, 그 이유를 아이에게 설명합니다. 재사용 가능한 물병이나 장바구니를 사용하는 습관을 길러 환경 보호의 실천 방법을 자연스럽게 익히도록 합니다.

다섯째, 긍정적인 감정과 태도를 기릅니다.

- 자연의 아름다움 느끼기: 아이가 자연의 아름다움과 경이로움을 느낄 수 있도록 다양한 자연환경을 탐색합니다. 이러한 경험은 아이가 자연에 대해 긍정적인 감정과 애정을 가지는 데 큰 도움이 됩니다.

여섯째 실천 중심의 체험 활동에 참여합니다.

- 봉사 활동 참여하기: 지역 사회에서 진행하는 환경 보호 활

동에 아이와 함께 참여합니다. 쓰레기 줍기, 자연 보호 캠페인, 꽃이나 나무 심기 행사 등은 아이가 직접 환경 보호를 실천하는 소중한 경험이 될 수 있습니다.

유아기에 가정에서 생태 환경 역량을 기르기 위해서는 자연과의 접촉, 환경 교육, 지속 가능한 생활 실천, 긍정적인 감정과 태도 기르기, 체험 활동 등이 고루 이루어지는 것이 중요합니다. 이러한 경험은 아이가 자연을 소중히 여기고, 환경을 보호하며 지속 가능한 삶을 살아가는 데 큰 도움이 될 것입니다. 아이와 함께 하는 이러한 활동들은 가족 간의 정서적 유대감을 형성하고 강화하는데도 기여합니다.

4장

내 아이 잘 키우기 위해 엄마가 갖추어야 할 소양
아이를 키우는 만큼 나도 성장합니다

말의 힘 – 칭찬하고 또 칭찬해요 _ 189
하브루타 대화법 – 질문을 잘하는 아이, 경청으로 성장하는 가정 _ 198
감사하는 가정이 성공과 행복의 해답입니다 _ 208
남편을 세워야 아이가 건강하게 자랍니다 _ 216
집이 최고의 학습공간이 되게 하세요 _ 222
태어나서 10년 동안 먹은 음식이 평생 건강을 결정합니다 _ 229
나눔·봉사·섬김을 실천하며 살아야 진짜 행복합니다 _ 238
초등 3년, 결정적 시기! –13세에 완성되는 유대인의 교육 원칙 _ 243

말의 힘
—칭찬하고 또 칭찬해요

　사랑하는 어머님, 잠시 눈을 감고 어린 시절을 떠올려보세요. 언제 부모님께 고마움을 느끼셨나요? 따뜻한 말 한마디를 들었을 때가 아니었나요? 또 언제 마음이 서운했나요? 아마도 말로 상처를 받았던 순간이었을 것입니다. 저에게도 많은 상처를 주었던 어머니이지만 그래도 좋은 기억이 몇 가지 남아 있습니다. 어릴 적 시골 마을에서 열린 작은 발표회에서 유아부 대표로 노래와 무용을 했던 날이 떠오릅니다. 무대에 오르기 전, 어머니는 제 앞에 무릎을 꿇고 예쁘게 화장을 해주시며, 따뜻한 눈빛으로 저를 바라보셨습니다. 그리고 다정한 목소리로 "잘할 수 있어."라고 격려해주셨던 그 순간은 지금도 제 마음에 깊이 남아 있습니다.

　내 아이에게 따뜻한 말을 통해서 좋은 기억을 남겨주는 것은 아이가 살아가면서 큰 힘이 됩니다. 제가 성인들을 대상으로 책쓰기를 지도하면서 느낀 것도 마찬가지입니다. 그들이 포기하지 않게 할 수 있었던 힘은 바로 '칭찬'을 통해 잠재력을 이끌어내는 데 집중했기 때문입니다.

　책 쓰기에 도전하는 것은 누구에게나 큰 결심입니다. 하지만 대부분은 처음 가보는 길이기에 금세 어려움에 부딪히곤 하지요. 그럴 때 어른들조차도 핑계를 대며 포기하려 합니다. 그 순간, 제가 해줄 수 있는 가장 효과적인 방법은 따뜻한 칭찬과 진심 어린 격려입니다.

책을 쓰는 과정은 작가의 내면이 그대로 드러나는 시간입니다. 그동안 살아오면서 받은 상처들, 경단녀로 지내며 아무것도 할 수 없다고 자신을 제한했던 생각들이 표면 위로 떠 오르지요. 그러나 그 상처를 보듬고, 잠재된 능력을 끌어낼 수 있도록 도와주면, 그들 자신도 자신이 가진 힘에 놀라고, 회복과 성장을 경험하게 됩니다.

어린 시절 받은 상처는 성격 형성과 자신감에 큰 영향을 줍니다. 그래서 더욱 말의 힘이 중요합니다. 혹시 이렇게 생각하신 적 있나요? 칭찬을 너무 하면 아이가 자만하거나 겸손하지 못하면 어떡하지? 하지만 실제로는 그런 걱정이 필요 없을 만큼 우리는 칭찬에 인색한 편입니다. 칭찬은 감사한 마음에서 시작됩니다. "부족한 나에게 이렇게 예쁜 아이를 선물로 주시다니…." 이런 마음을 가져보세요. 칭찬이 절로 나올 것입니다.

하루에 세 번 이상, 아이에게 칭찬을 건네주세요. 그 칭찬이 아이 인생의 든든한 뿌리가 되어줄 것입니다. "형은 5살 때 한글을 다 떼었는데 너는 아직도 못하니?" 이처럼 형제나 또래와 비교하는 말은 아이들 사이를 멀어지게 만들고, 실제로도 별다른 효과가 없습니다.

그렇다고 해서 잘못된 행동을 그냥 넘겨서도 안 됩니다. 예를 들어 식당에서 큰 소리로 떠들거나 뛰어다니는 행동, 또는 키즈카페에서 다른 아이들과 어울리지 않고 제멋대로 행동하는 모습을 '아이 기죽일까 봐' 방치하는 것은 옳지 않습니다. 옳고 그름은 분명하게 알려주어야 합니다. 그래야 아이가 사회에 나가서도 바른 태도로 살아갈 수 있고, 문제아로 자라지 않게 됩니다

한편, 아이가 원에서 배운 노래를 흥얼거릴 때는 이렇게 말해보세요. "와! 어디서 배운 거야? 잘하는데? 엄마에게도 가르쳐줘 봐. 아빠 오면 한 번 더 해보자. 할머니 오실 때 할머니 앞에서도 해보자. 할머니가 너무 기뻐하실 거야." 이런 반응을 들은 아이는 이렇게 생각할 것입니다.

'엄마는 내가 노래하는 것을 좋아하는구나. 다음에는 더 열심히 배워서 엄마 앞에서 또 해야지.' 생각하며 수업 태도에도 긍정적인 영향을 줍니다.

반면, 혹시 이런 엄마는 없겠지요? 아이가 용기를 내어 노래를 흥얼거리는데 "뭐 하는 거야? 그게 노래니? 하려면 좀 더 잘하든지~."라며 핀잔을 주거나, 혹은 바쁘다는 이유로 "응, 알았어! 엄마 바빠."하며 건성으로 넘겨버리는 경우 말입니다. 그 한마디가 아이의 마음에 상처가 될 수 있다는 걸 미처 깨닫지 못한 채 말이지요.

유아기에 아이가 세상에서 가장 좋아하고 의지하는 존재는 바로 '엄마'입니다. 그런 엄마가 관심을 두고 칭찬해주는 순간, 아

이는 마치 하늘을 나는 듯한 기쁨과 안정감을 느낍니다. 칭찬을 많이 해주세요. 하지만 단순히 결과만 칭찬하기보다는, 그 과정 하나하나를 격려하는 것이 더 중요합니다.

100점을 맞았을 때도 칭찬해주지만, 그보다 더 값진 것은 열심히 노력하는 과정 하나하나를 칭찬해 주는 것입니다. 이런 칭찬은 아이의 태도를 바꾸고, 자연스럽게 좋은 결과로 이어집니다. 사전에서는 칭찬을 "좋은 점이나 훌륭한 행동을 높이 평가하는 말"이라고 정의합니다.

하지만 제가 생각하는 칭찬은 조금 다릅니다. 우리는 평가 받기보다는 칭찬, 인정해주는 말을 듣고 싶어 합니다. "이번에는 실패했지만, 그 경험을 바탕으로 다시 노력한다면 다음에는 반드시 해낼 수 있을 거야." 어른이 되어 돌아보니 수많은 실패를 거듭해왔습니다. 그러나 실패는 잘못이 아닙니다. 실패는 성공의 어머니입니다. 이 말처럼, 우리는 아이의 현재만 바라보는 것이 아니라, 그 안에 숨겨진 무한한 가능성과 미래의 모습을 상상하며 칭찬해야 합니다. 하나님께서는 우리 한 사람 한 사람을 우주보다 더 위대하게 지으셨습니다. 그러기에 우리 안에는 감히 헤아릴 수 없는 가치와 잠재력이 존재합니다.

"칭찬은 고래도 춤추게 한다."는 말처럼, 아이의 마음을 울리는 칭찬 한마디가 그 아이의 삶을 바꾸고, 세상을 살아갈 힘을 줍니다. 내 아이가 세상을 살아가며 기쁨으로 춤추며 행복할 수 있도록, 따뜻한 말로 마음을 밝혀주세요.

꽃
―김춘수

내가 그의 이름을 불러주기 전에는
그는 다만 하나의 몸짓에 지나지 않았다.
내가 그의 이름을 불러주었을 때
그는 나에게로 와서 꽃이 되었다.

이 시에서처럼, 칭찬과 관심이 없었다면 '꽃'도 그저 의미 없는 존재였을지 모릅니다. 하지만 누군가 이름을 불러주고, 따뜻하게 칭찬해 주었을 때, 그 존재는 비로소 '예쁜 꽃'이 되어 의미를 갖게 됩니다.

남아프리카 바벨바 부족은 아주 특별한 '칭찬의 형벌'을 가지고 있다고 합니다. 그 부족에서는 범죄가 거의 일어나지 않는데, 이는 그들만의 독특한 문화 덕분입니다. 만약 마을에서 누군가 죄짓는 사람이 생기면 그를 마을 한복판에 세워놓고 마을 사람들이 모두 모여 죄인을 중심으로 원을 이루어 둘러섭니다. 그리고 돌아가며, 진지한 태도로 그 사람이 과거에 보여주었던 좋은 점들 선행, 장점, 따뜻한 말과 행동들을 하나하나 칭찬합니다.

이때 과장이나 농담은 절대 금지입니다. 오직 진심 어린 말만이 허용됩니다. 이 의식은 판사도, 검사도 없는 대신 죄인을 대신해 변호해주는 수백 명의 공동체가 있는 셈입니다.

그렇게 모든 칭찬을 다 듣고 나면, 죄로 인해 위축되고 상처받았던 마음은 서서히 회복되고, 자존감이 되살아나 새로운 사람으로 다시 태어난다고 합니다. 이 이야기는 칭찬이 단순한 말이 아니라, 한 사람의 인생을 변화시키고, 공동체를 더 건강하게 만들 수 있다는 사실을 잘 보여줍니다.

남편도 칭찬이 필요합니다. "남자는 어른이니까, 칭찬이 필요 없겠지?" 아닙니다. 남편도 누군가의 인정과 격려를 간절히 바라는 존재입니다. 남자는 자존심이 중요한 존재입니다. 자존심을 세워주면 온 힘을 다해 노력하지만, 그 자존심이 상처받으면 쉽게 분노하거나 위축됩니다. 지적을 받으면 발전보다는 상처만 남기고, 오히려 의욕을 잃을 수 있습니다.

온종일 힘들게 일하고 돌아온 남편에게 "오늘 아이가 속 썩여서 너무 힘들었어.", "나도 좀 쉬고 싶어."라는 말부터 꺼내면, 집은 남편에게 더 이상 안식처가 아니라 '도망가고 싶은 공간'이 될 수 있습니다. 이럴 땐 이렇게 말해보세요. "여보 아이 키우는 건 내가 더 잘한다고 생각했는데, 이 녀석이 아빠를 더 좋아하네요. 맛있는 거 먹자고 했더니 '아빠랑 같이 먹을래' 하더라고요." 이 한마디에 남편은 속으로 뿌듯해하며 아이를 더욱 예뻐하고 아내에게도 더욱 다정해질 것입니다. 아빠를 좋아하게 만드는 데 있어 엄마의 역할은 정말 큽니다. 아이와 아빠의 관계가 좋아지면, 엄마의 육아 부담은 줄어들고 가정의 분위기도 더 따뜻해집니다.

그렇다면 나도 칭찬받고 위로가 필요할 때는 어떻게 해야 할까요? 사실 많은 연구와 심리학 자료에 따르면, 성공한 사람들의 공통점 중 하나는 자신을 긍정적으로 바라보고, 자기 자신을 있는 그대로 받아들이며, 자신의 강점을 인식하는 태도를 가지고 있다는 점입니다.

미국의 긍정심리학 창시자인 마틴 셀리그먼 박사도 "자기 자신에 대한 긍정적인 인식이 삶의 만족도를 높이는 핵심 요소"라고 말합니다. 자신을 진정으로 사랑하고, 강점을 발견하며 자신을 격려하는 태도는 누구에게나 필요한 회복의 힘입니다. 성공한 사람들의 공통점 중 하나는 자신을 진정으로 사랑하고, 자신의 장점을 발견하는 사람들이라는 통계도 있습니다(김기현 박사).

사랑하는 어머님, 나에 대한 칭찬과 위로는 꼭 누군가에게서 받아야만 하는 것이 아닙니다. 가장 진정성 있는 칭찬은 내가 나 자신에게 해주는 말입니다. 하루를 마무리하며, 또는 아침에 하루를 시작하며 거울을 보고 말해보세요.

"나는 잘하고 있어."

"나는 소중한 존재야. 나는 할 수 있어."

"나는 행복해."

이렇게 자신에게 따뜻한 말을 건네며, 머리를 쓰다듬고 자신을 꼭 안아주세요. 그 한마디가 자존감의 씨앗이 되고, 그 씨앗은 분명히 자라납니다.

세계적인 축구선수 박지성은 연습벌레로 유명하시만, 경기장에 나설 때마다 "나는 최고의 선수다."라는 말을 마음속으로 반복했다고 합니다. 자신에 대한 믿음이 생길 때까지 마음속으로 외친다고 합니다. 다른 사람에게 칭찬을 받지 못한다고 섭섭해하지 마세요. 자신에게 따뜻한 말을 건네는 것, 그것이 가장 강력한 칭찬입니다.

미국의 미래학자 버크민스터 풀러(Buckminster Fuller)는 "모든 사람은 천재로 태어난다."고 말했습니다. 우리는 모두 안에 특별한 가능성을 가진 존재입니다. 무엇이든 마음먹고 실행하면, 반드시 이룰 수 있습니다.

그리고 마지막으로 제일 중요한 한 가지가 있습니다. 엄마도 부족한 한 사람이기에 때로는 감정 조절을 못 해 화를 내거나, 아이에게 상처 주는 말을 할 때도 있습니다. 그럴 때는 그날을 넘기지 말고 먼저 마음을 풀어주세요. "오늘은 엄마가 속상한 일이 있었는데, 네가 그렇게 하니까 화가 났어. 엄마가 하은이를 많이 사랑하는데, 그 마음을 몰라줘서 더 서운했나 봐. 아까는 속상했지? 미안해. 마음 풀자. 엄마도 더 노력할게." 이런 진심 어린 말 한마디가 아이의 마음을 회복시킵니다.

상처가 쌓이면 아이의 성격 형성에 큰 영향을 줄 수 있고, 부모와의 관계도 멀어질 수 있습니다. 미국인이 인간관계를 잘 유지하는 비결 중 하나는 'Love, Thank you, Sorry' 세 단어를 자주 사용하기 때문이라고 합니다.

사랑하는 가족에게 자주 말해주세요. "사랑해. 고마워. 미안해." 그리고, "최고야. 잘했어." 이 짧은 말들이 우리 가족의 마음을 더욱 따뜻하게 만들어 줄 것입니다. 칭찬은 아이의 자존감을 높이고, 긍정적인 행동을 강화합니다. 칭찬은 아이의 마음에 사랑의 씨앗을 심는 일입니다. 그 씨앗이 무럭무럭 자라 사랑의 나무가 되도록, 매일 따뜻한 칭찬과 진심 어린 격려를 아끼지 마세요.

"사랑해."
"고마워."
"미안해."
"정말 최고야."

하브루타 대화법
—질문을 잘하는 아이, 경청으로 성장하는 가정

　말을 잘하는 것은 일종의 기술(skill)이지만 대화를 잘하는 것은 인격(character)의 열매입니다. 모든 문제 해결의 시작은 '대화'입니다. 가정에서도 사회에서도, 심지어 정치인들 사이에서도 갈등을 풀기 위한 가장 기본적인 수단은 바로 대화입니다. 부부 사이에서도 "오늘 대화 좀 해요."라고 좋은 마음으로 시작했지만, 이야기를 나누다 보면 감정이 상해 오히려 시작하지 않는 게 나았겠다는 생각이 들 때도 있습니다.

　이런 일이 반복되다 보면, 점점 대화와 소통의 시간이 줄어들게 됩니다. 가족이 한자리에 모여 있어도 함께 시간을 보내기보다는 각자 따로 행동하게 되고, 결국 "당신과 말하느니 차라리 벽을 보며 말하는 것이 낫겠어요."라고 말하며 대화 자체를 회피하는 상황으로 이어질 수 있습니다. 하브루타 대화로 상대의 말을 진심으로 듣고 질문을 주고받으며 서로의 생각을 나누는 방법을 배워 실천하면 대화는 더 깊어지고 관계는 점점 더 따뜻해질 수 있습니다.

　한국행정연구원이 실시한 국민의식조사(2018)에서도 절반 이상이 한국 사회가 권위주의적이라고 인식하고 있습니다. 이러한 사회 분위기는 가족 간 대화에서도 자연스럽게 상하 관계를 강조하게 만들고, 자유로운 소통을 어렵게 합니다.

이러한 권위적 문화는 가족 간의 대화에서도 상하 관계를 당연하게 여기게 만들어, 자유로운 소통을 방해합니다. 과거에는 아이가 어른에게 자기 생각을 표현하면 '말대꾸한다'며 혼나던 시절도 있었습니다.

또한 현대사회는 바쁜 일상과 디지털 기기의 발달로 인해, 대화를 통해 소통할 기회 자체가 점점 줄어들고 있습니다. 특히, 우리나라는 가장 가난했던 시기를 지나 빠르게 산업사회로 진입하면서 자기 생각을 말하는 사람보다는 지시를 잘 따르고, 묵묵히 일하는 사람이 더 필요한 시대를 겪기도 했습니다. 하지만 이제는 다릅니다.

대한민국은 선진국 대열에 들어섰고, 앞으로는 AI 시대를 이끄는 '자기 생각을 잘 말하고 다른 사람의 의견을 경청하는 사람'이 더 필요한 시대입니다. 그렇다면, 아이를 어떻게 키워야 할까요? 부모의 역할은 더 이상 단순히 가르치는 것이 아니라, 함께 질문하고, 경청하고, 생각하고, 자기 생각을 말로 표현할 수 있도록 해야 합니다.

1) 하브루타로 교육해요.

세세를 이끄는 유대인들은 자녀 교육에 있어 성적보다 질문과 토론을 더 중요하게 생각합니다. 이처럼 성장한 유대인 아이들은 대학교 진학이나 취업면접에서도 자기 생각을 잘 표현합니다. 한국인들은 긴장해서 실력을 다 발휘하지 못하는 경우가 많지만, 유대인들은 어릴 때부터 가정에서 아버지와 토론하며 질문하는 것이 일상이기 때문에 면접에서도 훨씬 자연스럽고 편안하게 대화할 수 있다고 말합니다. 그야말로 유대인은 하브루타 교육으로 만들어진다고 해도 과언이 아닙니다.

　질문과 토론, 그것이 유대 교육의 핵심이다.
　-'탈무드' 저자 마빈 토케이어

　하브루타(Havruta)는 원어의 의미 그대로 자기 생각을 정리하고, 상대에게 설명하며, 그 이야기를 듣고 다시 질문하며 서로 배우는 쌍방향 학습 방식입니다. 즉, 짝을 지어 질문하고, 대화하고, 토론하고, 논쟁하는 과정 속에서 사고력을 기르는 것입니다. 다시 말해서 하브루타는 답을 가르쳐주지 않고, 질문을 통해 스스로 생각하고 답을 찾아가게 해주는 것입니다.
　"네 생각은 어때?", "어떻게 하면 좋겠니?", "이번 주말에는 무엇을 하고 싶니?", "집에서 맛있는 거 해서 먹을 건데 무엇을 먹으면 좋겠니?", "여행은 어디를 가면 좋을까?", 이런 질문들을 통해 아이가 스스로 의견을 말하고, 생각을 키울 기회를 주세요. 가족의 일원으로써 결정권을 주면 책임감도 커집니다. 엄마가 하고 싶은 대로 명령하는 것이 아니라, 질문을 통해 아이의 의견을 묻고 존중하는 것이 결국 자존감을 높이고 언어능력을 길러주는 것입니다.

그러고 나서 이렇게 이어가세요. "정말 좋은 생각인데?", "더 좋은 생각은 없을까?", "왜 그렇게 생각했어?", "그 방법은 괜찮지만 혹시 위험하지 않을까?" 예를 들어 아이가 추운데 얇은 옷을 입고 원에 간다고 하면 "오늘 날씨가 추운데 그 옷만 입고 가면 감기 걸릴 것 같은데 어떻게 하면 좋을까?" 이런 식으로 부드럽게 이끌면서 스스로 결론을 내리도록 도와주세요.

학원을 보낼 때도 마찬가지입니다. 무조건 결정해서 강제로 보내기보다, "하은아, 엄마는 네가 피아노를 배우면 좋겠다고 생각해. 음악을 배우면 정서에도 좋고 즐거움도 생기거든. 너는 어떻게 생각해? 학원까지 다니면 조금 바쁠 수도 있는데, 괜찮을까?" 이렇게 묻고 토론을 통해 아이가 직접 결정하게 하면 힘든 일이 생기더라도 책임감 있게 꾸준히 다닐 확률도 높아집니다.

하브루타는 둘이 짝을 이루어 진행합니다. 충분히 자기 생각을 표현하고, 열린 대화를 하면서 해답을 함께 찾아가다 보면 생각하는 힘이 길러져 자기 생각을 잘 표현하게 됩니다. 욱하는 성격이나 폭력을 쓰는 경우도 말로 상대방을 설득하는 능력이나 자기의 생각을 잘 표현하지 못하여 그러는 경우도 많습니다. 유대인의 학교에서는 '좋은 질문을 하는 아이'가 가장 훌륭한 학생으로 인정받습니다. 좋은 질문을 하는 아이가 자연스럽게 학급의 리더가 됩니다. AI가 하루가 다르게 발전하며 디지털혁명의 시대를 맞이하고 있습니다. 이러한 시대에 AI를 효과직으로 활용하기 위해서는 '어떻게 질문하느냐'가 매우 중요합니다.

선진국에서 살아가는 우리 아이들에게는 단순한 암기보다 역량(지식, 기능, 태도, 가치관) 중심 교육이 중요합니다. 따라서 하브루타처럼 질문하고 토론하는 교육 방식이 더욱 필요해졌습니다. 하지만 질문하는 것도 잘 가르쳐야 합니다. 특히 한국 사회에서는 "왜 그러는데요?", "제 생각은 다릅니다." 같은 표현이 자칫 대드는 말처럼 오해받을 수 있습니다. 그렇기 때문에 표현 방식에 대한 훈련도 함께 이루어져야 합니다.

예를 들어 상사나 윗사람에게는 이런 식으로 말할 수 있습니다. "이 방안은 이런 점에서 좋은 것 같습니다. 그런데 이런 문제가 생길 수도 있어 이렇게 바꾸면 더 효과적일 것 같아서 이에 따른 제안서를 작성하였으니 검토 부탁드립니다." 이처럼 겸손하고 논리적으로 의견을 제안하면 상사는 오히려 "큰 인재를 만났다."며 기뻐할 것입니다.

2) 하브루타를 잘하면 두뇌가 좋아져요.

조선일보가 보도한 한 조사에 따르면, 한국 중학생 1,121명을 대상으로 한 뇌 성향 분석 결과 약 28%는 완전 우뇌형, 40%는 강한 우뇌형, 32%는 좌뇌형으로 나타났습니다. 특히 어린 시기에는 우뇌형이 많은 반면, 40대에 이르면 좌뇌형 비율이 41%로 증가하는 것으로 나타났습니다. 이는 나이가 들수록 좌뇌 중심의 사고로 전환되는 경향이 있음을 보여줍니다.

우뇌형 아이들은 창의적이고 직관적인 사고를 중시하며, 예술적인 감각과 감정 표현에 뛰어납니다. 비유적 사고에 강하고 사람을 좋아하며 활동적인 성향이 강합니다. 아이들이 우뇌형일 때는 활동적이고 공부에는 관심이 없고 예체능을 좋아하며 사람을 좋아하고 산만할 수 있습니다.

반면, 좌뇌형 아이들은 논리적이고 분석적인 사고에 강하며, 수학과 언어 능력이 뛰어난 경향이 있습니다. 체계적이고 계획적인 태도를 보이며, 비교적 차분한 성격을 가집니다.

그러나 사랑과 정서적 교류가 부족하면 이기적으로 보일 수 있는 면도 있습니다. 이처럼 아이의 두뇌 유형에 따라 사고방식과 성향이 다르기 때문에, 일률적인 교육보다는 각자의 특성과 두뇌 발달에 맞춘 접근이 필요합니다. 하브루타 교육은 우뇌와 좌뇌를 모두 자극하는 효과적인 방법입니다. 질문하고 토론하는 과정을 통해 아이들은 감성과 창의력(우뇌), 논리력과 분석력(좌뇌)을 균형 있게 발전시킬 수 있습니다.

20세기가 좌뇌의 시대였다면 21세기는 우뇌의 시대라고 볼 수 있습니다. 최근 전 세계적으로 불고 있는 한류 열풍 역시, 감성과 창의성이 풍부한 우뇌형 인재들이 많기 때문이라고 해석할 수 있습니다.

한국 영화가 국제적인 영화제에서 상을 받고, K-팝과 드라마가 세계적인 주목을 받는 등 문화 콘텐츠 분야에서 두각을 나타내고 있는 것은 분명 자랑스러운 일입니다. 하지만 그 이면에는 한국 사회의 비합리적이고 감정적인 면, 그리고 논리직 사고나 분석에 대한 거부감도 여전히 존재합니다.

특히 토론이나 논쟁을 부정적으로 바라보는 시선이 많습니다. 자기 생각을 주장하면 "건방지다", "버릇없다"는 인식을 하는 경우도 적지 않습니다. 특히 순종을 미덕으로 살아온 한국의 어른들은 이러한 문화에 익숙하지 않아 자기 생각을 표현하거나, 반대 의견을 받아들이는 데 어려움을 느끼곤 합니다.

그러나 진정한 토론이란 서로 다른 의견을 기분 나쁘지 않게 받아들이고, '틀렸다'기보다는 '다르다'는 관점으로 이해하려는 데서 시작됩니다. 의견이 다를 때, 한 번 더 생각하고 깊이 고민해 보는 순간에 오히려 더 큰 성장이 일어납니다.

물론, 토론이란 명목으로 상대의 말꼬리를 잡거나, 자기주장만 고집하거나, 논리를 왜곡하고 변명으로 일관하는 것은 전혀 바람직하지 않습니다. 그런 태도는 대화가 아니라 갈등을 부추기는 행동일 뿐입니다. 진정한 토론 문화는 어릴 때부터 연습하고 훈련해야 길러질 수 있습니다. 아이들에게 하브루타식 질문과 경청, 반론의 기회를 주며 '다른 생각을 존중하는 태도'를 가르치는 것이 필요합니다.

한국인은 우뇌형이 많은 편이라, 두루뭉술하게 넘어가는 경향이 있습니다. 예를 들어 길을 물어보면, "위로 쭉 가다 오른쪽으로 돌아가면 있어요."라고 대충 설명하는 경우가 많습니다. 하지만 외국인들은 그 설명만으로도 정확하게 길을 찾아가는 한국인을 보고 놀라워합니다.

반면, 외국에서는 "20미터쯤 가다가 오른쪽으로 돌아서 50미터 가면 있어요."처럼 거리와 방향을 구체적으로 설명하는 방식이 일반적입니다. 요리에서도 마찬가지입니다. "된장국에 된장은 적당히 넣고 파는 송송 썰어 넣으세요."라고 말하면, 매뉴얼이 없는 설명이 되어버립니다. 이런 방식은 감으로 하는 '구멍가게식 운영'에서 벗어나기 어렵게 만듭니다.

반면, 스타벅스는 커피는 원두 몇 그램, 물 온도, 설탕 비율까지 모든 과정을 정밀하게 매뉴얼화해 세계적인 브랜드로 성장했습니다. 논리와 디테일이 바로 시스템을 만들고, 그 시스템이 글로벌 경쟁력을 만드는 셈입니다.

뇌를 가장 많이 발달시키는 것은 '손'이고 그다음은 '입'입니다. 어릴 때는 손의 활동이 두뇌 발달에 큰 영향을 주지만, 성장하면서는 입을 통한 말하기와 표현 능력이 더욱 중요해집니다. "조용히 해", "이제 그만 물어봐." 같은 말을 쉽게 하곤 합니다. 이런 말들은 아이의 생각하는 힘과 말하는 힘을 억누르게 만듭니다. 좌뇌와 우뇌가 균형 있게 발달할 수 있도록 도와주세요. 그 균형이야말로 미래 사회를 이끌어갈 글로벌 인재의 핵심 역량이 됩니다.

한국인은 우뇌형이 많아 감성적이고 직관적이며 시각적인 특성이 발달되어 있습니다. 하브루타와 같은 대화 중심의 교육을 통해 이성적이고 합리적으로 사고하며, 분석력과 논리적으로 말하는 힘을 키워 좌뇌도 함께 발달시켜 주세요. 좌뇌, 우뇌가 골고루 발달하여 전뇌형이 되게 하여 자신의 꿈을 이루는 기반을 다지게 해주세요.

3) 하브루타 대화는 경청에서 시작해요.

진정한 대화의 시작은 '말하기'가 아니라 '듣기'입니다. 우리가 대화를 잘하지 못하는 가장 큰 이유는 상대방의 말을 주의 깊게 들으려는 존중의 마음이 부족하기 때문입니다.

성경에서도 이렇게 말합니다. "사연을 듣기 전에 대답하는 자는 미련하여 욕을 당하느니라."(잠언 18:13)

자신의 말만 앞세우고 상대의 이야기를 듣지 않으면, 어느새 독선적인 태도를 갖게 되고, 세상을 좁게 바라보는 편협한 리더가 되기 쉽습니다. 그런 리더는 결코 큰 성공을 이루기 어렵습니다.

우리나라는 오랫동안 유교적 전통 속에서 '말하는 자'는 가르치는 자, '듣는 자'는 고개를 숙이고 순종하는 구조에 익숙해졌습니다. 이로 인해 학생은 교사에게 질문하기 어려워하고, 가정에서도 권위에 눌려 자유로운 대화가 제한되곤 합니다. 이런 환경에서는 하브루타 방식의 대화가 자라나기 어렵습니다.

그러나 진정한 리더란 권위로 말을 통제하는 사람이 아니라, 대화로 마음을 돌보는 사람입니다. 성경 속 이야기에서도 이를 알 수 있습니다. 마르다는 손님 접대에 분주했지만, 마리아는 예수님 앞에 앉아 대화를 나눕니다. 마르다가 예수님께 마리아에게 일손을 돕게 해달라고 요청했을 때, 예수님은 이렇게 말씀하셨습니다.

"마리아는 이 좋은 편을 택하였으니 빼앗기지 아니하리라."(누

가복음 10:42)

  예수님은 일보다 대화를 더 귀하게 여기셨습니다. 일 중심으로 살아온 제게는 처음엔 이 말씀이 쉽게 이해되지 않았습니다. 그러나 어느 날, 마음을 나누는 대화의 힘을 깨닫고 나서야 비로소 그 뜻이 마음 깊이 와닿았습니다. '말 한마디로 천 냥 빚을 갚는다.'는 속담처럼, 잘 들은 후에 건네는 따뜻한 말 한마디는 관계를 살리고 세상을 바꿀 수 있는 위대한 시작이 됩니다.

  하브루타는 생각하는 아이, 질문을 잘하는 아이, 경청을 잘하는 아이, 소통할 줄 아는 아이, 설득할 수 있는 아이로 자라게 합니다. 하브루타로 대화를 하세요.

감사하는 가정이
성공과 행복의 해답입니다

"성공은 행복의 열쇠가 아니라 행복이 성공의 열쇠다."
—알베르트 슈바이처

감사하며 사는 삶은 결국 행복한 삶으로 이어집니다. 할아버지가 손주에게 이렇게 이야기합니다. "아가야 우리 마음에는 두 마리 늑대가 살고 있단다. 이 늑대들은 날마다 서로를 이기려고 싸운단다." 손주가 묻습니다. "할아버지, 그럼 누가 이기나요?" "한 마리 늑대는 감사하며 사는 늑대이고, 다른 한 마리는 불평하는 늑대란다. 그중에서 네가 먹이를 많이 주는 늑대가 이기게 되는 거야." 사랑하는 어머니는 지금 어떤 늑대에게 먹이를 주고 있나요?

남아프리카공화국의 전 대통령 넬슨 만델라는 46세에 감옥에 수감되어 27년간의 수감 생활을 한 후, 72세를 앞둔 1990년, 세상 밖으로 나왔습니다. 오랜 감옥 생활로 인해 아주 쇠약해진 모습으로 나올 것이라 예상했지만, 그는 건강하고 당당한 모습으로 걸어 나왔습니다.

누군가 그에게 물었습니다. "어떻게 그렇게 오랜 시간 감옥에 있으면서도 건강과 의지를 지킬 수 있었나요?" 만델라는 이렇게 답했습니다.

"감옥 안에서도 분노와 절망으로 시간을 보내지 않았습니다. 중노동을 하러 밖에 나가도 푸른 하늘을 보면서 하나님께 감사했고, 새소리를 들으며 일할 수 있음에 감사했고, 감방 뜰에서 채소를 가꾸며 새 생명의 신기함을 보고 기뻐하며 매사에 긍정적 태도를 유지하며 살아가려고 했습니다."

그리고 마침내 그는 1994년, 만 75세의 나이에 남아프리카공화국 최초의 흑인 대통령이 되었습니다. 만약 그가 매사에 불평하고 원망 속에 살았다면 이런 놀라운 인생의 전환은 절대 일어나지 않았을 겁니다. 감사는 기적을 일으키는 힘입니다.

미국의 유명한 방송인 오프라 윈프리는 '감사'의 힘을 통해 성공적인 삶을 이끌어 온 인물입니다. 그녀는 매일 '감사 일기'를 쓰는 습관을 통해, 단지 긍정적인 생각을 넘어서 삶 전체의 흐름을 바꾸었다고 고백합니다. 하루에 감사한 일 다섯 가지를 매일 기록하며, 삶이 긍정적으로 변화하고 일과 인간관계가 술술 풀리는 경험을 했다고 합니다.

그러나 어느 날 다시 삶이 어그러지고 있다는 느낌을 받아서, 돌아보니 감사 일기를 멈춘 자신을 발견했다고 합니다. 그 후 다시 감사 일기를 쓰기 시작하였습니다. 사소한 것에도 감사하고 자신의 힘들었던 과거도 감사하며 살다 보니 다시금 성공의 길로 나아갈 수 있었다고 고백했습니다.

오프라 윈프리의 이야기는 '감사'가 단순한 감정이 아니라, 삶의 질을 높이고 긍정적으로 변화시킬 수 있는 강력한 도구임을 보여줍니다. 감사하는 태도를 통해 우리는 더 나은 삶을 스스로 만들어갈 수 있다는 사실을 깨닫게 됩니다. 감사하는 말과 태도는 가정의 분위기를 바꾸고, 아이의 정서와 부모의 관계를 더욱 따뜻하게 만듭니다.

성경에서도 감사의 중요성은 분명하게 드러납니다. 예수님께서 어느 마을에 들어가시자, 나병 환자 열 명이 소리를 높이며 병을 고쳐 달라고 간절히 요청했습니다. 예수님은 그들의 병을 고쳐주셨는데 그중 단 한 사람만이 돌아와 감사를 드렸습니다. 그러자 예수님께서는 말씀하셨습니다. "열 사람이 모두 고침을 받지 않았느냐? 그런데 아홉은 어디 있느냐?"

감사를 표현한 그 한 사람에게 예수님은 이렇게 덧붙이셨습니다. "일어나 가거라. 네 믿음이 너를 구원하였느니라." 병만 고침 받은 아홉 명과 달리, 감사한 마음을 표현한 이 한 사람은 '구원'이라는 더 큰 축복을 함께 받았습니다.

이처럼 감사는 삶을 변화시키는 축복의 통로가 됩니다. 감사하지 않는 사람은 예수님조차 섭섭해 하셨는데, 하물며 사람이 어찌 기분 좋을 수 있겠어요? 그런데 우리는 일상 속에서 감사를 놓치는 순간들이 자주 있습니다.

그 이유를 하나씩 돌아보면, 우리가 왜 감사하지 못하는지를 더 깊이 이해할 수 있습니다. 첫째, 모든 것을 '당연하다'고 생각할 때입니다. 택배기사님이 무거운 박스를 문 앞까지 가져다 주셨을 때, "더운 날씨에 고생 많으셨어요. 정말 감사합니다."라고 매사에 감사를 표현하는 사람과, "택배가 문 앞까지 오는 것은 당연한 거지."라고 말하는 사람 중, 어느 쪽이 더 상대방을 행복하게 해주고 본인도 더 행복할까요?

남편이 월급을 받아왔을 때, "여보 가족을 위해서 직장 생활 잘 해줘서 감사해요. 오늘 특별히 맛있는 찌개도 끓여놨어요. 나도 더 정성껏 살림할게요."라고 감사의 표현을 하는 아내와, "남편이 돈 벌어오는 건 당연한 일 아니야? 친구네는 급여에 보너스도 많이 받던데, 이걸로 생색낼 건가?"라고 당연하게 생각하는 아내 중, 어떤 말이 남편에게 힘을 줄까요?

아이도 마찬가지입니다. "엄마 밥 맛있게 해주셔서 감사합니다. 잘 먹었습니다." 이 한마디와, "엄마가 밥해주는 것은 당연한 거잖아?"라는 말 사이에는 큰 차이가 있습니다.

이 세상에 당연한 것은 아무것도 없습니다. 감사할 줄 아는 사람과 모든 것을 당연하게 여기는 사람 중 누구에게 더 잘해주고 싶은 마음이 들까요? 감사하며 살면 관계가 좋아지고 축복의 삶이 됩니다.

제가 좋아하는 찬양 중에 이런 구절이 있습니다. '아침 해가 뜨고 저녁의 노을, 봄의 꽃향기와 가을에 열매, 변하는 계절의 모든 순간이 당연한 것 아니라 은혜였소. 내가 이 땅에 태어나 사는 것, 어린아이 시절과 지금까지 숨을 쉬며 살며 꿈을 꾸는 삶 당연한 것 아니라 은혜였소.' 이처럼 우리가 당연하게 여겨온 모든 순간이 사실은 하나하나 소중한 은혜의 선물임을 되새기게 해줍니다.

감사하지 못하는 두 번째 이유는, 교만에 빠져 겸손하지 않을 때입니다. 나이가 들수록 몸은 무거워지고 움직이기 싫어집니다. 누군가 나를 알아주지 않으면 무시당하는 것 같고, 경험이 쌓일수록 인정받고 싶은 마음은 커지며 자존심은 세지고, 자기주장을 고집하게 되는 경우가 많아집니다.

사실 이렇게 말하고 있는 저 역시, 교만이 마음속에서 슬며시 올라올 때가 있습니다. '내가 얼마나 잘해줬는데 이렇게 나를 홀대하지?', '내가 얼마나 고생하며 키웠는데 엄마한테 이럴 수 있어?', '힘들어할 때 시간도 내주고 물질적으로도 도왔는데, 어떻게 나에게 이럴 수 있어?' 하며 마음에 빨간 신호등이 켜질 때가 있습니다. 그럴 때 얼른 고개를 저으며 다시 생각을 정리합니다. 나의 시간과 물질과 재능으로 도움을 줄 수 있는 여건에 감사하며 이렇게 살 수 있는 것은 내가 잘나서가 아니라, 전적으로 하나님의 은혜임을 다시금 깊이 깨닫고, 감사하는 마음으로 축복의 통로가 되기를 다시 한번 다짐합니다.

세 번째 우리가 감사하지 못하는 이유는 불평과 불만 속에서 살아가기 때문입니다. 연구에 따르면 사람들은 하루 평균 열다섯 번 정도 불평하고, 감사는 고작 세 번밖에 하지 않는다고 합니다. 우리는 노력하지 않으면 불평과 불만이 먼저 튀어나오게 마련입니다. 잘 살기 위해서, 행복하기 위해서 감사하는 습관을 몸에 익혀야 합니다. '땡큐 땡큐'를 입에 달고 사는 미국인들처럼요.

성경에도 하나님께서 무서운 약속을 하신 말씀이 있습니다. "너희 말이 내 귀에 들린 대로 내가 너희에게 행하리라."(민수기 14:28) 네가 말한대로 해주겠다는 약속입니다.

감사하는 마음으로 살면 감사할 일이 생기고, 불평하는 마음으로 살면 불평할 일만 눈에 띕니다. 한 미국 연구에 따르면, "너 그렇게 할 바에야 감옥에나 가버려라"라는 말을 듣고 자란 아이들이 실제로 감옥을 가게 되는 경우가 많았다고 합니다. 화가 난다고, 상대가 아랫사람이라고, 혹은 힘이 약한 자녀라고 해서 함부로 말해서는 안 됩니다. 죽고 사는 것이 혀의 힘에 달렸다고 성경은 말합니다. 나 자신에게도, 사랑하는 사람들에게도 긍정의 언어, 감사의 언어, 축복의 언어를 해야 하는 이유입니다.

네 번째 감사하지 못하는 또 하나의 이유는 남 탓하고 핑계를 대는 태도 때문입니다. 가정 문제 회복 사역으로 잘 알려진 '우리들교회'에 가면, '당신이 나보다 옳습니다'라는 표어가 걸려 있습니다.

이 문구는 서로에 대한 이해와 겸손, 자기 성찰을 통해 관계를 회복하자는 교회의 중심 메시지를 담고 있습니다. 저도 한때는 내가 늘 옳다고 생각하며 목소리를 높일 때가 많았고, 그로 인해 관계가 어려워졌던 경험이 있습니다. 하지만 많은 문제의 출발점은 상대가 아니라 나 자신에게 있다는 사실을 깨달으며 소금씩 변화가 시작되었습니다.

부모 상담이나 컨설팅을 하다 보면 가장 어려운 경우는 자신에게는 아무 문제가 없다고 생각하는 사람입니다. 그런 사람들은 문제의 원인을 늘 외부에서 찾으려 하기에 변화가 일어나지 않습니다. "모든 문제는 나로부터 비롯된다."고 생각하고 '내가 무엇을 바꾸어야 할까?'라고 질문하는 사람은 해결의 실마리를 곧 발견하게 됩니다.

아이 문제도 마찬가지입니다. 문제아 뒤에는 문제 부모가 있습니다. "우리 아이를 어떻게 바꿔야 하죠?"가 아니라 "내가 어떻게 변해야 우리 아이가 바뀔 수 있을까?", "내가 무엇을 고치면 이 문제가 해결될까?"라고 자기 자신에게 질문을 돌릴 때, 해답이 찾아옵니다. 남의 탓을 하면 마음에 원망이 앞서고, 감사하는 마음은 자라기 어렵습니다.

감사에는 단계가 있습니다.

1단계 감사는 누구나 할 수 있는 감사입니다. 갑자기 사장님이 보너스를 주거나, 남편이 특별한 선물을 사올 때처럼 기쁜 일이 생기면 누구나 자연스럽게 "감사합니다"라고 말하게 됩니다.

2단계 감사는 일상 속에서 발견하는 감사입니다. 아이들이 유치원에 건강히 잘 다니고, 남편이 성실히 직장 생활을 이어가는 것처럼 특별하지 않은 일상에서도 감사함을 느끼는 것입니다.

3단계 감사는 '그럼에도 불구하고' 드리는 감사입니다. 가난, 실패, 고통과 같은 어려움 속에서도 삶의 의미를 발견하고, 현재에 감사하는 태도입니다.

세계로 금란교회의 주성민 목사님은 어린 시절 부모님을 일찍 여의고, 신문 배달을 하며 학업을 이어갔습니다. 대학 입시에 무려 10번이나 낙방하고, 주위의 무시와 어려움 속에서도 단 한 번도 불평하지 않았습니다. 오히려 그는 이렇게 고백했습니다. "하나님께서 저를 세계적인 부흥 강사로 세우시기 위해 훈련하시는 줄 믿고 감사합니다."

그 어떤 상황에서도 감사의 마음을 잃지 않고 살아온 결과, 주성민 목사님은 지금 전 세계에서 주목받는 부흥 강사로 우뚝 섰습니다. 그의 집회는 최소 3년 전에 예약해야 할 정도로 많은 이들의 요청이 끊이지 않는다고 합니다.

성공적인 사람들은 감사의 중요성을 인식하고 이를 삶과 경영에 적극적으로 실천합니다.

감사하는 삶은 인간관계에도 좋은 영향을 미칩니다. 감사는 신뢰와 유대감을 강화하고, 긍정적인 감정을 높이며, 갈등을 해소하고 상호 작용의 질을 향상해 줍니다. 또한 관계를 지속적으로 유지하게 하고, 삶의 전반적인 행복감을 증대시키는 데 큰 역할을 합니다. 감사는 단순한 감정을 넘어, 긍정적인 사고방식과 성공적인 삶을 위한 필수 요소입니다.

"항상 기뻐하라. 쉬지 말고 기도하라. 범사에 감사하라."(데살로니카 전서 5:16~18)

매사에 긍정적인 마음을 갖고 감사하는 삶이야말로 잠든 변화와 축복의 길입니다.

남편을 세워야
아이가 건강하게 자랍니다

　세계적인 축구선수 손흥민은 이렇게 말했습니다. "나의 축구는 온전히 아버지의 작품입니다." 손흥민 아버지는 아들을 키울 때 지식과 기능보다 먼저 '가치관과 태도(인성)'에 중점을 두고 지도했습니다. 이는 이 책 3장에서 말하는 역량 중심 교육과 일치하는 방향이기도 합니다. 그 결과 손흥민 선수는 왼발, 오른발을 모두 능숙하게 사용하는 기술뿐 아니라, 외국어도 잘하며 봉사활동과 인간관계도 잘하여 세계를 놀라게 하고 있습니다.

　처음에는 "얼마나 갈까?", "이제는 본색이 나오겠지."라며 회의적인 시선으로 바라본 사람들도 있었지만, 지금은 한국뿐 아니라 해외에서도 이상적인 사윗감으로 주목받고 있습니다. 손흥민이 이렇게까지 성공할 수 있었던 배경에는 아버지의 영향이 큽니다. 아버지 손웅정은 자기 관리도 철저히 하면서 두 아들의 모범이 되어준 대단한 분입니다.

　아버지의 진심 어린 헌신은 자녀 교육에서 부모, 특히 아버지의 역할이 얼마나 중요한지를 다시금 일깨워 줍니다. 스티브 잡스의 아버지는 양아버지였는데도 아들을 위해 거처를 옮기고, 자신의 일터에서 기계와 전자기기에 대한 지식을 직접 가르쳐주며 반항기일 때도 헌신과 사랑으로 보살펴주었습니다. 그 덕분에 훗날 세계 최고의 혁신가 스티브 잡스가 탄생할 수 있었습니다.

미숙아로 태어난 칼비테도 아버지의 헌신적인 교육으로 성장해 결국 교수가 되었고, 테슬라의 CEO 일론 머스크도 그의 아버지 에롤머스크의 영향으로 어릴 적부터 기술과 기업가 정신을 배우며 지금의 자리에 오를 수 있었다고 합니다.

최근에는 예전에 비해 아이들과 아빠 사이의 관계가 점점 좋아지고 있는 흐름을 느낄 수 있습니다. 그러나 교육 현장에서 40년 가까이 돌아보면, 많은 아버지가 '좋은 아빠, 좋은 남편이 되고 싶다'는 마음은 있지만, 실제로는 어떻게 해야 할지 몰라 어려움을 겪는 경우가 많습니다. 엄마들은 친구들과 육아 이야기를 나누며 함께 배우고 성장하지만, 아빠들은 육아나 자녀 교육에 대해 대화하거나 배울 기회가 거의 없습니다. 그렇다 보니, 마음은 굴뚝같아도 현실에서는 좋은 아빠가 되는 일이 쉽지 않은 것이 사실입니다.

특히, 첫 아이가 남자아이일 경우 아빠의 경험 부족과 '잘 키우고 싶다'는 부담감이 오히려 아이와의 관계가 나빠질 수도 있습니다. 때로는 남편과 육아를 함께 하다 보면 오히려 안 도와주는 것이 더 낫지 않을까? 하는 생각이 들 때도 있을 겁니다. 하지만 아버지의 자리가 부재일 경우, 아이가 커가면서 엄마 혼자시 감당하기 힘든 시기가 반드시 오게 됩니다. 아무리 엄마가 잘 해 주어도, 아버지의 역할은 결코 대신할 수 없는 영역이 있습니다. 그래서 저는 부모교육을 할 때마다 이렇게 말씀드립니다.

"아무리 힘들어도, 아이가 13살이 될 때까지만은 자녀를 위해 함께 살아주시길 바랍니다."

엄마 배 속에서 자라 배 아파서 낳은 아이가 엄마를 더 좋아하는 것은 당연한 일입니다. 아이가 아빠를 좋아하게 만드는 일은, 엄마의 도움이 절대적으로 필요합니다. "왜 엄마만 이렇게 힘들어야 하죠?" 하고 저에게 반문할 수도 있겠지만, 조금만 더 깊이 생각해보면, 이런 노력이 결국 엄마에게 더 좋은 결과로 돌아올 거라는 것을 저는 확신합니다.

아이 앞에서 아빠랑 안 좋았던 이야기를 한다든지 아빠 흉을 본다든지 하는 행위는 금물입니다. 엄마는 남편과 헤어지면 남남이 되지만 아이는 천륜입니다. 아빠와 좋은 관계를 맺도록 도와주는 것, 그 자체가 아이의 정서와 인성 발달에 큰 도움이 됩니다. 엄마는 때로는 연약한 존재이기에, 남편이 집에 오면 힘든 것을 얘기하며 위로받고 싶어질 때도 있습니다. 그래서 아이가 속상하게 한 이야기, 힘들게 한 이야기를 하게 되지요.

그러면 아빠의 마음은 어떨까요? 아이를 혼내고 싶고 예쁘게 보이지 않게 될 수 있습니다. 아빠는 기본적으로 마음의 표현을 잘 못 하고 단순한 성향을 가지고 있어서 육아처럼 장기적이고 반복적인 일에는 쉽게 지치기도 합니다. 그래서 퇴근 후 집에 돌아오면, 위로받고 싶고 안식처가 되어 쉬고 싶어합니다. 그럴 때,

가정의 선장인 엄마에게는 지혜가 필요합니다.

"얘들아, 아빠 오셨다. 인사하고 뽀뽀하자~.", "여보 오늘 아이가 어린이집에서 요리해 왔는데 아빠랑 같이 먹자고 기다렸어요." 이런 말 한마디에 아빠는 감동하고, 아이를 더욱 사랑하게 될 것입니다.

또한 엄마는 아이들에게 이렇게 말해줄 수 있습니다. "아빠 오면 의논하자.", "아빠 허락이 떨어져야지. 아빠는 우리 집 대장이니까.", "아빠 먼저 드세요. 잘 먹겠습니다." 이처럼 엄마가 아빠를 세워주는 태도는 가족의 화합을 이루는 데 필수적입니다.

아빠가 가정에서 존중받고, 자신의 역할을 인정받는다면, 아빠는 더욱 적극적으로 아이 양육에 참여하게 됩니다. 엄마가 아빠의 노력을 칭찬하고, 아빠가 아이와 함께하는 시간을 소중히 여긴다면, 아빠는 더욱 자신감을 가지고 아이와의 관계를 발전시킬 수 있습니다.

가끔 젊은 엄마 중에는 이렇게 말하기도 합니다. "지금이 어느 시대인데요? 남녀평등 사회인데 굳이 그렇게까지 해야 하나요?" 하지만 제 생각은 다릅니다. 아빠를 세워줄 때 가정은 건강해지고, 결국 엄마의 삶도 더 평온해집니다. 훗날 아이가 좋은 대학을 가고, 안정된 직장을 얻었다고 해도 부모와 형제를 몰라보고, 자기밖에 모르는 이기적인 어른이 된다면 가족도 행복하지 않고, 그 아이 자신도 행복할 수 없습니다. 가속은 아이가 처음 경험하는 첫 번째 공동체입니다. 이 공동체 안에서 사랑과 질서, 존중과 협력을 배우는 아이가 사회생활도 잘할 수 있고, 더 행복한 사람으로 자라날 수 있습니다.

　남편이 자신의 아버지와 원만한 관계를 맺고 자란 경우, 자녀와의 관계도 자연스럽고 원활한 경우가 많습니다. 하지만 아버지에 대한 쓴 뿌리가 아직도 마음속에 남아있다면 그 감정이 본의 아니게 자녀와의 관계에도 영향을 줄 수 있습니다. 아버지가 아직 살아계신다면 서로 용서하고 이해하며 사랑하며 쓴 뿌리가 빠지도록 도와주세요. 아버지가 이미 세상을 떠나셨더라도, 마음속에서 그분을 용서하고 이해하는 과정을 통해 남편은 더 따뜻한 아빠로 거듭날 수 있습니다. 사실 남자들은 더 외롭습니다. 성장 과정에서 "남자는 울면 안 돼", "참아야지", "씩씩해야지" 이런 말들을 들으며 자라다 보니, 속마음을 말하는 법을 배우지 못하고, 감정을 숨긴 채 살아갑니다.

　그래서 종종 말이 부족하고, 감정 표현이 서툴며, 욱하고 화를 내기도 하지만 속으로는 많은 외로움과 압박감을 느끼고 있을 수 있습니다. 이럴 때일수록 남편에게도 칭찬과 격려가 필요합니다. 자존감을 높여주고, 자신감을 심어주는 말 한마디가 남편의 마음을 따뜻하게 열 수 있습니다. 아빠의 역할은 자녀의 정서적·사회적 발달에 지대한 영향을 줍니다. 딸은 성장하며 결혼 상대를 선택할 때 아빠를 기준점으로 삼는 경향이 큽니다. 아빠가 늘 사랑으로 대해주었다면 "나는 아빠 같은 사람과 결혼하고 싶어."라고 생각할 수 있고, 반대로 아빠가 냉담하거나 상처를 준 경우엔

"나는 절대 아빠 같은 사람과는 결혼하지 않을 거야"라는 기준을 갖게 되기도 합니다.

때로는 아빠가 술주정뱅이였던 경험 때문에 "나는 술 먹는 사람이 제일 싫어. 술만 안 마시면 괜찮아."라고 판단하며 핵심을 놓치는 선택을 할 수도 있습니다. 그만큼 아빠의 역할은 단순히 경제적 지원을 넘어서, 삶의 모델이자, 인생의 기준을 만들어주는 존재입니다.

아빠와 함께하는 놀이 시간은 아이의 창의력과 문제 해결 능력을 키우는 데 도움을 줍니다. 공놀이, 등산, 자전거 타기 등 함께 하는 활동들은 아이의 신체 발달에 큰 도움을 줍니다. 또한, 아빠와 엄마가 함께하는 양육하는 모습은 아이에게 안정감을 제공합니다.

부모가 서로 협력하고 양육에 대한 의견을 나누는 모습은 아이에게 긍정적인 모델이 됩니다. 아이는 부모의 관계를 통해 사랑과 신뢰를 배우고 이는 그들의 정서적 안정에 도움을 줍니다. 가정에서 아빠의 역할이 제대로 세워지면, 아빠의 귀가가 빨라질 것이고 엄마의 육아 부담이 줄어들며 아이는 다양한 사회적 경험을 쌓을 수 있습니다.

아빠와 함께하는 외출, 엄마 없이 아빠와만 보내는 시간, 가족여행 등은 아이에게 평생 잊을 수 없는 따뜻한 추억으로 남습니다. 아빠가 아이의 삶에 적극적으로 참여할수록 아이는 더욱 건강하고 행복하게 성장할 수 있습니다.

집이 최고의
학습공간이 되게 하세요

책 쓰기 모임에 갔다가 건축 분야의 전문가 이혜진 교수님을 만나게 되었고, 그분의 저서 '공간의 공감'을 접하게 되었습니다. 평소에도 공간이 삶에 미치는 영향에 대해 관심이 많았던 저에게, 전문가의 시선으로 공간을 분석하고 설명한 이 책은 정말 반가운 선물이었습니다.

40년간 유아교육을 하면서 생각하는 나의 관점과 전문가의 생각을 내용을 요약하여 유아기의 자녀를 둔 엄마에게 도움이 되고자 그 내용을 쉽게 정리해 보았습니다. 이 글이 여러분의 가정에 행복한 변화의 계기가 되기를 바랍니다.

'우리 삶과 행복을 결정짓는 공간의 비밀: 두뇌가 선호하는 색채의 비밀'에 따르면, 뉴로 아키텍처(Neuro-Architecture) 관점에서 인간의 뇌는 특정 색을 선호하고, 색채는 다양한 감정을 불러일으키고 기분과 행동에 영향을 줍니다.

따뜻한 계열의 색상인 빨강, 주황, 노랑은 뇌를 자극하여 주의력, 창의력, 정신적 민첩성을 향상하는 효과가 있습니다. 반면, 차가운 계열의 색상인 파랑, 초록, 보라는 평온함과 이완, 그리고 인지 능력 향상을 촉진하는 진정 효과가 있습니다.

따라서 아이의 방을 꾸밀 때는 아이의 성향을 고려한 색상 선택이 중요합니다. 활동적이고 에너지가 넘치는 아이에게는 차가운 색상을 활용하여 심리적 안정감을 주는 것이 좋고, 소심하고 조용한 아이에게는 따뜻한 색상을 사용해 정서적 활력을 불어넣어주는 환경을 조성하는 것이 좋습니다.

이처럼 공간은 단순한 물리적 구조가 아니라, 아이의 성격과 학습 태도, 감정과 발달에 직결되는 심리적 자극 요인이 됩니다. 따라서 어떤 공간에서 자라는가에 따라 아이의 역량도 달라질 수 있습니다.

역량을 키워주는 공간의 비밀

닭들은 좁은 울타리 안에서 정해진 생활 방식대로 삽니다. 그들에게 주어진 세상은 닭장 안이 전부입니다. 아이들도 원이나 가정에서 만들어 준 울타리 안에서 생각과 행동이 제한됩니다. 코이라는 잉어가 있습니다. 어항 안에서 키우면 5~8cm 자라고, 연못에서 키우면 15~25cm 자라고, 강에서 키우면 90~120cm까지 자랍니다. 아이들도 환경에 따라서 성장합니다.

공간 디자인은 단순히 미적 측면만 아니라 인지 능력과 정서에도 중요한 역할을 합니다. 공간을 구성할 때 자연 요소를 도입하는 것은 인지 기능과 정서적 안녕에 큰 영향을 미치며 스트레스를 줄이고 기분을 개선하며 창의력을 발달시키는 것으로 알려져 있습니다.

두뇌가 선호하는 최고의 공간으로 만들어 주어요.

자연광은 아이의 인지 기능을 발달시키고 호기심을 자극하고 기분을 좋게 만드는 것으로 알려져 있습니다. 자연광이 부족한 경우 조절이 가능한 조명과 부드럽고 따뜻한 빛을 사용하면 눈의 피로도 줄이고 오랜 시간 공부하기에 적합한 분위기를 조성해 줍니다.

주말이면 밖에 나가서 충분히 자연광을 쬐게 해주세요. 햇빛은 우리 몸에 좋은 에너지를 공급해 줍니다. 아무리 거름을 많이 주어 땅이 비옥해도 햇빛이 없으면 식물이 살 수 없듯이 삶 속에 자연광은 꼭 필요합니다.

아이의 성장 단계마다 그에 맞는 최적의 환경을 조성해 주는 것이 아이의 발달과 행복에 중요합니다. 아늑한 공간은 조용한 놀이와 사색을 불러일으키고 개방된 공간은 활발한 학습과 사회적 상호작용을 유도합니다. 이 모든 것은 신경건축학(Neuro-Architecture)이 밝힌 내용이며, 이러한 환경은 아이의 두뇌 기능을 최적화하고, 정서적 안정감을 줍니다.

영아기 학습 공간

영아기(0~2세)의 학습 공간에서 가장 중요한 요소는 안전성과 감각 자극입니다. 이 시기의 아이들은 작은 탐험가들로서 주변을 만지고, 맛보고, 조작하며 세상을 배웁니다. 그들의 자연스러운 호기심을 북돋우면서도 안전한 공간을 제공해야 합니다.

다양한 질감, 색상, 모양을 통합하여 발달 중인 감각을 자극하

되 모든 재료는 무독성이고 연령에 적합해야 합니다. 부드럽고 푹신한 바닥과 낮고 안정적인 가구는 아이들이 기어 다니고 걷고 오르는 법을 배우는 동안 부상을 예방하는 데 도움이 됩니다.

유아기 학습 공간

유아기(3~5세)가 되면 학습 공간은 아이들의 자립심과 사회성 기술을 뒷받침할 수 있도록 발전해야 합니다. 아늑한 독서 공간, 예술 활동 구역, 역할극을 위한 극놀이 코너 등 다양한 활동을 위한 구별된 공간을 만들어줘야 합니다. 아이의 키에 맞는 가구와 수납공간, 미리미리 바구니 등을 활용하여 스스로 정리하고 선택하는 과정을 통해 자율성과 책임감을 키울 수 있습니다.

또한, 이 시기부터는 식물 키우기, 동물 키우기 활동을 통해 생명을 존중하고, 안정감과 책임감을 자연스럽게 배울 수 있습니다. 이러한 활동은 과도한 인터넷 노출로부터 아이의 시선을 자연으로 돌릴 수 있는 좋은 계기가 되기도 합니다.

학령기 학습 공간

학령기(6~12세)의 학습 공간은 구조와 유연성의 균형이 중요합니다. 편안한 의자, 넓은 책상 공간, 적절한 조명을 갖춘 조용하고 주의 산만하지 않은 공간을 지정하여 집중력을 높일 수 있게 해줘야 합니다.

아이들이 쉽게 접근하고 관리할 수 있는 방식으로 학습 자료와 자원을 정리하면 학습 공간에 대한 주인의식과 책임감을 기를 수 있습니다. 또한, 가능한 자연광과 신선한 공기에 노출되도록 해주세요. 이는 집중력, 창의력, 정서적 안정에 매우 긍정적인 영향을 미칩니다. 물론, 가정에서는 모든 조건을 완벽히 갖추는 데 한계가 있을 수 있습니다. 그럴 때는 주말마다 자연 속으로 나가 아이가 몸과 마음을 활짝 펼칠 수 있는 시간을 마련해 주세요.

건축 요소가 정신 건강에 미치는 영향

건축 요소	영향	기전
자연광	스트레스 감소, 기분 개선	자연광은 인체의 생체리듬을 조절하고 세로토닌 수치를 증가시켜 기분을 개선하고 수면의 질을 높입니다.
색채	감정 조절, 기분 변화	색채는 심리적 반응을 유발하여 편안함, 활기 또는 긴장감을 조절하는 역할을 합니다. 파란색과 녹색은 안정감을 주고, 빨간색은 에너지를 부여할 수 있습니다.
공간 배치	집중력 향상, 스트레스 관리	공간의 배치는 개인의 활동에 맞춰 구성되며, 열린 공간은 사회적 상호작용을 촉진하고, 분리된 공간은 개인의 집중과 휴식을 돕습니다.
자연 요소	정서 안정, 긍정적 감정 증진	자연 요소는 환경의 심미적 아름다움을 향상시키고, 스트레스 완화 및 정서적 안정에 기여합니다. 실내 식물은 공기를 정화하고 긴장을 완화시킬 수 있습니다.
소음 감소	스트레스 감소 집중력 향상	음향 설계를 통해 소음을 효과적으로 제어함으로써 스트레스 수준을 낮추고, 편안한 환경에서는 집중력과 생산성이 향상됩니다.

이혜진(2024). 『공간의 공감: 우리 삶과 행복을 결정짓는 공간의 비밀』. 클레버니스.

식물과 함께하는 실내 공간의 심리적 효과

심리적 효과	작용 원리	적용 공간
스트레스 감소	공기중의 독소 제거, 시각적 피로 감소, 자연의 평온함 제공	사무실, 거실, 침실
기분 향상	시각적 즐거움 제공, 자연과의 연결감 형성	거실, 주방, 개인 작업 공간
창의력 증진	뇌의 창의적 사고 촉진, 사고 촉진, 새로운 아이디어 도출	작업실, 회의실, 스튜디오
사회적 연결감	공동의 관심사 제공, 대화 촉진, 사회적 연결감 강화	커뮤니티 공간, 사무실, 공동 작업 공간
집중력 향상	사회적 자극 감소, 자연적인 분위기 조성	공부방, 사무실, 도서관
행복감 증대	정서적 안정 제공, 삶의 만족도 및 행복감 증가	가정 내 모든 공간, 휴식 공간, 명상실

이혜진(2024), 『공간의 공감: 우리 삶과 행복을 결정짓는 공간의 비밀』, 클레버니스.

집 안팎에 생태 놀이터를 마련해주고, 가까운 공원이나 숲에서 아이와 함께 자연을 경험해보세요. 초록빛 숲속을 거닐 때 어떤 느낌이 드시나요? 나뭇잎 사이로 스며드는 햇살, 맑은 공기, 새소리와 풀벌레 소리. 자연 속에 있으면 마음이 평온해지고 스트레스가 사라지는 이유는 우리 인간 역시 자연의 일부이며, 본능적으로 자연을 그리워하는 존재이기 때문입니다. 하지만 급격한 도시화와 더불어 AI 시대로 나아가면서 우리는 점점 자연과 멀어지고 있습니다.

그래서 아이가 태어나면 부모들은 자연과 가까운 곳, 공원이 있는 지역, 숲이 인접한 환경을 선호하게 됩니다. 우리 원이 많은 사랑을 받는 이유 중 하나도, 자연과 함께하는 환경이 갖추어져 있기 때문입니다.

숲은 우리의 몸과 마음을 치유해 주는 소중한 공간입니다. 가까운 공원이나 숲으로 나가서 생태 놀이를 맘껏 하게 해주세요. 자연 속에서 뛰놀며 흙을 밟고 나무를 만지는 경험은 아이의 정서를 안정시키고, 건강한 인성과 감수성을 키워주는 데 큰 힘이 됩니다.

태어나서 10년 동안 먹은 음식이 평생 건강을 결정합니다

우리의 건강은 음식, 운동, 스트레스에 의해 좌우됩니다. 그중에서도 음식은 단순한 신체 건강을 넘어 성격 형성에도 깊은 영향을 줍니다. 예를 들어, 열이 많은 아이에게 열성 음식을 자주 먹으면 쉽게 흥분하고 가만히 있지 못해 집중력이 떨어질 수 있습니다. 반대로, 몸이 찬 아이가 차가운 음식을 자주 섭취하면 더욱 위축되고 소심한 성격이 형성될 수 있습니다.

또한, 배탈이 나서 설사하는 아이에게 소화가 안 되는 음식이나 음료수를 주면, 약을 먹더라도 회복이 늦어질 수밖에 없습니다. 어릴 때부터 인스턴트 식품이나 배달 음식에 익숙해진 아이들은 성장한 뒤에도 자연스럽게 그런 음식만 선호하게 됩니다.

남편이 좋아하는 음식을 살펴보면, 어릴 적 식습관의 영향이 크다는 것을 알 수 있습니다. 빵과 고기를 주식으로 하는 미국이나 유럽 사람들은 비만율이 높고 평균 수명이 짧습니다.

반면, 우리나라는 제철에 수확되는 과일과 채소, 곡식, 견과류 등 몸에 좋은 식재료가 풍부해, 조금만 신경 써도 건강하게 살아갈 수 있습니다. 그런데도, 요즘은 아이들뿐 아니라 어른들까지도 건강에 좋은 음식보다는 혀가 좋아하는 음식을 즐기면서 건강에 적신호가 켜지고 있는 것이 현실입니다.

청소년 시절 저는 크게 다쳐서 항생제를 2년 넘게 복용하게 되었고, 그 영향으로 위도 나빠지고 제대로 몸조리를 하지 못해 잔병치레가 많아졌습니다. 그 경험을 계기로 자연스럽게 건강에 대한 공부를 깊이 하게 되었습니다. 원에서 아이들이 아플 때면 침을 놔주거나 지압을 해주기도 하고, 이가 흔들리면 직접 빼주기도 했습니다. 지금 같으면 불법 의료 행위라고 혼날 수도 있지만, 그 시절에는 부모와 아이 사이에 사랑과 정성으로 이어지는 민간요법이 있었습니다. 이러한 경험을 통해 건강에 대한 관심과 이해가 점점 깊어졌습니다.

미국의 조엘 펄먼(Joel Fuhrman) 박사는 처음에는 피겨 스케이팅 국가대표 선수로 활약하던 유망한 청년이었습니다. 그는 1973년, 미국 피겨 국가대표팀의 일원으로 선발되어 활약했지만, 심각한 발뒤꿈치 부상을 입는 사고를 당하게 됩니다. 이 부상으로 인해 그는 긴 치료와 재활의 시간을 보내야 했고, 결국 운동선수로서의 경력을 접게 됩니다. 그러나 이 시기를 계기로 그는 음식과 자연치유가 몸에 미치는 영향에 깊은 관심을 갖게 되었고, 이후 펜실베이니아 대학교 의과대학에 입학하여 정식으로 의학을 공부하게 되었습니다.

의사가 된 후 그는 전통적인 약물치료와 수술 중심의 의료 한계를 넘어, 영양과 면역을 기반으로 한 자연 치유 중심의 치료법을 연구하며 실천하게 됩니다. 그는 약이나 수술 없이도 식습관 개선만으로 수많은 만성 질환 환자들을 치료하며, 미국에서 예방의학과 자연요법 분야의 대표적인 전문가로 인정받고 있습니다. 또한, 코넬대학교 대학원에서 영양학을 강의한 바 있으며, 현재는 영양 밀도가 높은 식단(Nutritarian Diet)을 통해 비만, 당뇨, 심혈관 질환, 자가면역 질환 등을 예방하고 치료하는 방법을 제시하고 있습니다.

그가 집필한 여러 권의 책 중 '아이를 변화시키는 두뇌 음식'은 자녀의 식습관이 두뇌 발달, 정서 안정, 학습 태도에 얼마나 큰 영향을 미치는지를 보여주는 중요한 책입니다. 이 책에는 엄마들이 꼭 알아야 할 실질적인 건강 정보들이 가득 담겨 있어, 아이의 건강과 두뇌를 바르게 성장시키고 싶은 부모에게 꼭 추천하고 싶은 필독서입니다.

아이의 뇌와 몸은 그 아이가 먹은 음식으로 만들어집니다. 그렇다면 음식으로 폭력적이고 산만한 아이들을 치유할 수 있을까요? 조엘 펄먼 박사는 "충분히 가능하다."고 말합니다. 실제로 몇 년 전 방송에서는, 음식을 통해 산만하고 문제 행동을 보이던 아이들이 변화한 외국 학교의 사례가 소개되기도 했습니다. 잘못된 식습관이 아이의 정서 불안, 공격성, 집중력 저하에 큰 영향을 미칠 수 있다는 연구 결과는 지금도 계속 발표되고 있습니다.

많은 부모는 자녀가 자신보다 더 나은 삶을 살기를 바라면서 아낌없이 투자합니다. 하지만 학습 능력의 기본이 되는 집중력과 정서적 안정이 뒷받침되지 않으면 아무리 많은 교육 투자도 효과를 거두기 어렵습니다. 식습관이 나쁜 아이들은 면역력도 약해 자주 아프고, 학습의 흐름도 자주 끊기게 됩니다. 인간은 어느 동물보다 강력한 면역 체계를 갖고 있어서 우리 몸을 스스로 수리하고 방어하는 능력이 있습니다. 그런데 올바른 원료를 몸에 줄 때만 면역 시스템이 최선을 다해 작동합니다.

자동차가 아무리 좋은 성능을 자랑해도 휘발유 대신 이상한 연료를 넣으면 고장이 나는 것과 같습니다. 마찬가지로, 많은 부모가 아이에게 과일과 채소, 곡식 대신 칼로리는 높고 영양은 부족한 정크푸드(인스턴트 식품)를 습관처럼 먹이면서 자신도 모르게 아이의 몸에 병의 씨앗을 심고 있는 셈입니다.

미국 질병통제예방센터(CDC)의 2020년 자료에 따르면, 11세 아동 중 약 8.6%가 한 번 이상 주의력결핍과잉행동장애(ADHD) 진단을 받은 것으로 나타났습니다. 이는 초등학생 약 11명 중 1명 꼴로, 상당히 높은 비율입니다. 이러한 높은 진단율은 단지 개인의 기질만의 문제가 아니라, 어릴 때부터 형성된 식습관과도 밀접한 관련이 있습니다. 미국을 비롯해 선진국의 아이들은 과일이나 채소 같은 식물성 자연식품을 거의 섭취하지 않습니다.

일부 자료에 따르면, 하루 섭취량 중 식물성 식품의 비율이 2%도 채 되지 않으며, 대신 유제품, 흰 밀가루, 설탕, 기름 등에서 전체 칼로리의 90%를 섭취하고 있다고 합니다. 이러한 식습관은 비만뿐 아니라 행동 문제와 정신 건강에도 악영향을 미치고 있습니다.

많은 부모는 자녀가 성장기에 먹는 음식이 성인이 되었을 때 건강에 얼마나 결정적인 영향을 미치는지 잘 인식하지 못합니다. 특히 태어나서 처음 10년이 평생 건강을 좌우하는 가장 중요한 시기라는 사실도 간과되기 쉽습니다. 자녀에게 줄 수 있는 최고의 선물은 돈이나 물질이 아니라, 평생을 책임질 건강한 몸과 명석한 두뇌입니다.

하지만 아쉽게도 대부분의 의사는 식사법이나 영양에 대해 깊이 있게 설명해주지 않기 때문에 부모들 역시 그 중요성을 놓치는 경우가 많습니다. 그 결과, 음식을 통한 병 예방과 두뇌 발달의 중요성이 가정에서 충분히 실천되지 못하고 있습니다. 그러나 해결책은 생각보다 단순합니다. 머리가 좋아지고 질병을 예방하는 식생활을 알고 실천하면 됩니다. 가족 모두가 올바른 음식을 통해 비만, 자가 면역 질환, 당뇨병, 심장병, 암 등을 예방할 수 있으며, 무엇보다도 뇌를 똑똑하게 만들 수 있습니다. 조엘 펄먼 박사는 이러한 생생한 건강정보를 더 많은 부모에게 전하고자 여러 권의 책을 집필하였고, 그는 이것이 자신의 사명이라고 말합니다.

뇌가 좋아하는 음식은 가공되지 않은 채소류와 곡식, 과일, 견과류입니다. 조엘 펄먼 박사가 추천하는 음식은 지역적으로 우리와 조금 다를 수 있지만, 한국에서 재배되는 제철 과일과 채소, 견과류야말로 우리 몸에 가장 잘 맞는 최고의 음식입니다. 예를 들어, 수박과 참외 같은 과일은 몸의 열을 내려주는 '찬 성질'을 가지고 있어 무더운 여름철에 적합하며, 따뜻한 성질이 있는 사과, 귤, 오렌지는 겨울철에 체온을 올려주어 추위를 타는 사람들에게 더욱 좋습니다.

하나님께서는 우리 몸이 필요로 하는 영양분을 계절에 맞게 공급해 주십니다. 제철 음식은 가격도 저렴하고, 구하기도 쉬운 자연의 선물입니다. 세상의 많은 동물은 날것 그대로 음식을 먹지만, 인간만이 음식을 익히고, 튀기고, 굽고, 볶으며 병의 원인을 스스로 만들어내고 있습니다. 물론 현대 사회에서 모든 음식을 생식으로만 섭취하기는 어렵지만, 가능하다면 최소한 가공하지 않아도 되는 음식부터 우선 섭취하도록 노력해 보세요.

과일, 채소, 견과류는 별도의 조리 없이도 자연 그대로 섭취할 수 있는 최고의 음식입니다. 하지만 몸에 좋은 음식을 먹이려 해도 아이가 편식을 해서 고민하는 부모님들이 많습니다. 그래서 편식을 줄이는 데 도움이 되는 몇 가지 방법을 안내해 드립니다.

잘 먹지 않는 채소는 직접 기르고 수확하게 합니다.

우리 원에서도 텃밭을 가꾸고, 아이들이 직접 수확한 채소를 가정에 보내거나 요리 활동에 활용합니다. 상추, 감자, 무, 배추 같은 채소는 아이가 직접 키워보고 수확한 뒤 집으로 가져가게 하면, 그때부터 그 음식을 잘 먹게 되었다며 부모님들께서 매우 기뻐하십니다.

작은 화분이나 상자 등을 활용해 가정에서도 아이와 함께 직접 키워보며 먹는 경험을 만들어 주세요. 이러한 과정은 아이에게 식재료에 대한 흥미와 애정, 감사한 마음까지 함께 심어줄 수 있습니다.

직접 요리에 참여시킵니다.

요리는 아이의 오감을 발달시켜 주는 좋은 활동입니다. 재료를 직접 썰어보고, 양념을 넣어보고, 맛을 보며 함께 만드는 요리를 통해 아이들은 음식에 대한 흥미를 갖고 스스로 먹는 즐거움을 느끼게 됩니다.

음식 교육을 합니다.

음식이 어디에서 왔는지, 어떻게 만들어지는지, 그리고 어떤 영양소가 우리 몸에 어떤 역할을 하는지를 이야기처럼 들려주세요. 농장이나 시장을 함께 방문해보면, 하나의 음식이 식탁에 오르기까지 얼마나 많은 사람의 손길과 수고가 담겼는지 자연스럽게 배우게 됩니다.

영양소의 역할과 필요성을 알려줍니다.

단백질, 탄수화물, 지방, 비타민, 미네랄 등 각 영양소가 우리 몸에서 어떤 기능을 하는지 쉽고 재미있게 설명해 주세요. 이해가 생기면 아이들은 자연스럽게 골고루 먹는 식습관의 중요성을 깨닫고 건강과 성격 형성에까지 영향을 줄 수 있다는 사실에 관심을 갖게 됩니다.

곡식은 가능한 껍질과 함께 섭취하는 것이 가장 좋습니다.

흰 쌀밥은 거의 탄수화물로만 이루어져 있어 영양 면에서는 부족한 식사가 될 수 있습니다. 가능하다면 주식인 쌀을 현미로 섭취하는 것을 권장합니다.

다만, 아이들은 100% 현미는 소화가 안 되고 맛이 없어서 쌀눈이 살아 있는 7분도미 정도로 도정한 쌀을 사용하면 맛도 구수하고 영양이 그대로 있으니 일석이조입니다. 가능하면 빵보다는 밥을 먹게 해주세요. 밀가루 자체가 나쁘다기보다는, 현재 국내에서 유통되는 밀가루는 대부분 100% 수입산이며, 장기간 보관을 위해 다량의 방부제가 첨가되어 있다는 점이 문제입니다. 밀은 원래 씨눈과 껍질에 영양소가 많이 들어있는데 밀가루로 가공할 때 이 부분을 먼저 제거합니다. 그 이유는 끈끈한 씨눈이 기계를 고장 나게 하고, 껍질이 섞이면 하얀 밀가루 색을 낼 수 없기 때문입니다. 이처럼 영양이 빠진 밀가루는 표백제를 사용해 흰색을 만들고, 방부제까지 넣어 벌레도 생기지 않는 상태로 가공됩니다.

흰 식빵을 제조하기 위해서는 얼마만큼의 화학 약품이 첨가될까요? 흰색을 내기 위한 과유산 암모늄, 희석 과산회, 벤조일, 취조산 칼륨 등 여러 가지 화학 약품이 첨가됩니다. 곰팡이 방지를 위해 피오피온산 칼슘 산화를 막기 위한 에라솔번산, 에라솔번산 나트륨 등도 들어갑니다. 이러한 화학물질은 체내에서 쉽게 배출되지 않으며, 장기적으로 쌓이면 발암 물질로 작용할 수도 있습니다. 물론 빵과 과자를 전혀 먹지 않고 살 수는 없습니다. 하지만 영양에 대한 기본적인 이해와 건강한 식생활 습관을 갖추는 것이 중요합니다. 자녀의 몸에 좋은 음식을 중심으로 식단을 구성해야 성인병을 예방하고, 건강한 미래를 만들어줄 수 있습니다.

그 외에도 라면, 청량음료, 초콜릿, 냉동식품, 패스트푸드, 지나친 육류 섭취, 커피 등은 가급적 자제해야 합니다. 가족의 건강을 위해서 건강 공부도 하시길 부탁드립니다. 건강에 관한 필독을 추천합니다. '아이를 변화시키는 두뇌 음식'(조엘 펄먼), '이기는 몸'(이동환), '고혈압은 병이 아니다'(마스모토 미쓰마사), '환자혁명'(조한경)

나눔·봉사·섬김을 실천하며 살아야 진짜 행복합니다

"양보하고 배려하며, 주는 사람이 결국 최고에 오른다." 이 말은 단순한 도덕 교육이 아니라, 성공의 원리를 설명하는 과학적인 사실이기도 합니다. 미국 와튼스쿨 최연소 종신 조직심리학 교수인 애덤 그랜트는 '기브 앤 테이크(Give and Take)'에서, 타인을 위해 베풀고, 양보하고, 조건 없이 헌신하는 사람들, 즉 기버(Giver)들이 사회적으로도, 직업적으로도 가장 큰 성공을 이룬다는 사실을 풍부한 사례와 연구를 통해 객관적으로 증명했습니다.

그는 "제가 뭐 도와드릴 일 있을까요?"라는 작은 질문 하나가 "일터와 인생, 관계를 바꾸는 힘이 된다"고 말합니다. 여러분의 곁에 누군가가 이렇게 따뜻하게 다가와 도와준다면 어떤 기분이 들까요?

이처럼 받는 것보다 주는 것을 좋아하는 사람이 바로 '기버(Giver)'입니다. 반대로 만날 때마다 "나 좀 도와줘." 이렇게 다가오는 사람이 있다면 어떤 마음이 드시나요? 준 것보다 더 많이 받기를 원하는 사람을 '테이커(Taker)'라고 합니다.

사람들은 기버를 좋아하고, 테이커를 멀리하게 됩니다. 자녀를 많은 사람과 협력하고, 함께 성장할 줄 아는 아이로 키우고 싶다면, 무엇보다 먼저 '주는 기쁨'을 아는 아이, '양보하고 배려'할 줄 아는 아이로 키워야 합니다. 그렇게 자란 아이는 어디서나 사랑받고, 결국은 더 큰 성공과 행복을 이룰 수 있습니다.

미국 명문고등학교 '필립스아카데미(Phillips Academy)'의 건학 이념은 "자신을 위해서가 아닌(Not for self)"입니다. 이 말은 "이곳에서 배운 지식과 경험을 자신만을 위해 쓰지 말고, 타인을 위해 활용하라."는 깊은 뜻을 담고 있습니다. 예전, 어려웠던 시절의 우리 부모님들은 종종 이렇게 말씀하셨지요.

"배워서 남 주냐?", "너 잘되라고 그러는 거야." 또는 "엄마는 안 먹어도 네가 먹는 거 보면 배불러." 이러한 말들은 자식에 대한 사랑이 담겨 있었지만, 때로는 나만 생각하는 마음, 즉 이기적인 사고방식을 무심코 심어주기도 했습니다.

하지만 나밖에 모르는 사람을 누가 좋아할까요? 타인을 위한 삶을 강조한 필립스 아카데미는 동문 35명 중 1명꼴로 미국 명사 인명사전에 등재될 만큼 놀라운 인재들을 배출해냈습니다. 14대 대통령 프랭클린 피어스, 페이스북 창립자 마크 저커버그 등 많은 훌륭한 지도자들이 이 학교 출신입니다.

설립자 존 필립스는 교사들에게 인성과 지식을 동시에 강조하며 이렇게 말했습니다. "지식이 없는 선한 마음은 악하고 선한 마음이 없는 지식은 위험하다." 그는 인성과 지식이 함께할 때 인류에 유익한 사람이 된다는 가르침을 남겼습니다.

'세계 최고의 학교는 왜 인성에 집중할까'라는 책에서도 이 학교에 대해 다음과 같이 소개하고 있습니다. "학교는 단지 정보를 습득하는 공간이 아니라, 서로 협력하고 의견을 존중하며, 자신의 시간과 재능을 나누며 공존의 가치를 배우는 공간이다." 이러한 철학을 바탕으로 하는 필립스 아카데미를 보면, 내 아이만 잘 되길 바라는 경쟁 중심의 교육에 익숙한 우리나라 현실이 더욱 아쉽고 안타깝게 느껴집니다.

아이를 진정한 지도자로 키우기 위해서는 지식, 기능, 태도, 가치관 이 네 가지를 갖춘 역량교육을 해야 합니다. 그리고 그것을 다른 사람과 나누며 살아가는 자세가 리더로서의 기본 능력이 됩니다. 사랑하는 자녀가 필립스 아카데미의 이념처럼, 자기 자신뿐 아니라 이웃과 세상을 위해 살아가는 글로벌 리더로 자라나기를 소망합니다.

'섬기는 부모가 자녀를 큰 사람으로 키운다'의 저자 전혜성 박사는 6명의 자녀를 모두 박사로 키워낸 어머니이자, 본인도 박사 과정을 마친 교육자입니다. 그가 일관되게 강조하는 가치는 바로 '나눔'과 '섬김'입니다. 그는 이렇게 말합니다.

"남을 돕는 과정에서 스스로 성장한다. 남을 도우면서 가장 도움받는 것은 바로 나 자신이다. 한 사람의 위대함은 그가 얼마나 많은 사람에게 도움을 주었는가로 평가된다. 부모가 먼저 스스로 자신을 섬기고, 서로를 섬기고, 자녀를 섬기며, 더 나아가 사회를 섬겨야 한다.

나만의 이익보다는 남도 같이 생각하면서 공동의 가치를 추구할 때 훌륭한 리더가 된다. 리더는 태어나는 것이 아니라 길러지는 것이다. 이런 게 바로 서면 공부하라고 강요하지 않아도 스스로 공부하는 아이로 만드는 비결이자 사람들에게 사랑과 존경을 받는 리더가 되는 것이다. 남을 돕고 베푸는 과정에서 아이 스스로 힘과 지혜를 얻게 된다. 부모가 먼저 남을 배려하고 봉사한다면 아이는 굳이 애쓰지 않아도 바르고 훌륭하게 자란다. 크고자 하거든 먼저 남을 섬겨라."

약 15년 전, 전혜성 박사를 알게 되면서 그분의 삶과 철학에 깊이 감동받아 저 역시 실천하는 삶을 살고자 노력해 왔습니다. 지금도 그분의 책은 제가 가장 소중히 여기는 책 중 하나입니다. 가끔 꺼내 보면서 마음을 다스리곤 합니다.

나누는 삶을 살고자 노력했던 저는 유아교육을 먼저 한 선배로서 도움이 되고자 '꿈 나눔 지회'라는 단체를 설립하였습니다. 원장님들과 유아교육 관련 사업하는 분들과 함께 하나님이 기뻐하는 기업이 되고자 일주일에 한 번 모여 기도하고 포럼을 통해 나누며 실천하고 있습니다. 무엇이든 하나라도 주고 싶어서 섬긴다고 하지만 그런 과정에서 내가 더 도움을 받은 것이 많습니다.

또한 저는 불우이웃을 돕기 위한 한사랑 나눔 봉사단도 설립하여 12년째 봉사를 이어오고 있습니다. 뜻을 함께한 100여명의 회원들이 매달 2만 원씩 정기 후원을 하고 있으며, 어려운 가정을 선정하여 매달 10만 원씩 생활비를 지원하고 있습니다. 그 외에도 연탄 봉사, 밥차 봉사, 김장 봉사, 산타 선물 주기 등 다양한 활동을 통해 사랑을 실천하며 따뜻한 세상을 만들어가는 일에 동참하고 있습니다.

이러한 실천적 행동과 교육 철학은 아이를 인격적으로 성장시키고, 부모 자신도 더욱 풍요로운 삶을 살아가도록 인도하는 길이 됩니다.

어떤 만남을 통해서든지 도움이 되는 사람이 되고자 노력하며 살다 보니 저 역시 많은 사람에게 도움을 받으며 꿈을 이루며 하고 싶은 일을 하며 살아가고 있습니다. "나 살기도 바쁜데 나중에 형편이 되면 그때 함께할게요." 이렇게 말하며 미루다 보면 그런 날은 오지 않습니다. 중요한 건 '지금'입니다. 지금 할 수 있는 작은 일부터 시작하면 됩니다. 시간을 내는 것, 물질로 돕는 것, 재능을 기부하는 것 중 그 어떤 것이든 지금 시작해보세요. 실천하는 과정에서 나 자신이 성장하고, 삶에 진정한 행복이 피어납니다.

'하프타임'이라는 책에는 성공한 60명의 리더들이 '삶의 후반전'으로 선택한 길이 '봉사' 혹은 '교육'이었다는 내용이 나옵니다. 그들은 이렇게 말합니다. "가장 이타적인 것이 가장 이기적인 것이다." 남을 돕고 사는 것이 결국은 내가 잘되는 것이라는 말입니다. 나눔은 결코 손해가 아닌, 삶을 더 가치 있고 풍요롭게 만드는 가장 지혜로운 선택입니다.

초등 3년, 결정적 시기!
―13세에 완성되는 유대인의 교육 원칙

　유대인들은 13세가 되면 세계적인 인재가 될 준비를 마쳤다고 보고, 성인식을 통해 성인의 책임과 역할을 부여합니다. 이 시기부터는 부모가 자녀 교육에 간섭하지 않으며, 아이 자신의 선택에 따라 삶을 살아가도록 합니다. 이 모든 것은 부모가 태교부터 12년간 집중적으로 교육한 결과입니다.

　반면 우리나라는 조기 교육에 대해 오해가 많아 "조기 교육은 하면 안 된다.", "때가 되면 알아서 한다.", "튼튼하게만 자라다오." 식의 인식 속에 자립의 시기를 놓치는 경우가 많습니다. 그 시기에 세상을 살아가는 힘을 길러주는 7대 역량(자기 관리 역량, 지식 정보 처리 역량, 창의적 사고 역량, 심미적 감성 역량, 협력적 소통 역량, 공동체 역량, 생태 환경 역량)을 키워주지 못하면, 아이들은 뿌리 없는 나무처럼 흔들리게 됩니다. 중학생이 되면 목적도 꿈도 잃어버리면서 무서운 중2병이라 불리는 혼란의 시기를 겪게 되기도 합니다.

　요즘 아이들은 왕자님, 공주님처럼 자라서 지구력과 인내심이 부족한 경향이 많습니다. 조금만 어려워도 끝까지 해보려 하기보다는 쉽게 포기하는 성향을 보입니다. 그래서 초등학교 3학년이 끝나는 겨울방학은 매우 중요한 시기입니다. 이때 부모는 자녀와 함께 미래에 대한 진지한 대화를 나누어야 합니다.

내 아이가 무엇을 좋아하는지, 무엇을 잘하는지를 깊이 들여다보고, 초등 4학년부터는 그에 맞는 방향을 잡아줄 필요가 있습니다. 중요한 건 자녀에게 다양한 경험의 기회를 주고, 그 아이에게 맞는 맞춤형 교육을 설계하는 것입니다.

만약 아이가 공부에 흥미도 없고 성향도 다른데 학교 공부에만 억지로 몰입시킨다면, 오히려 역효과가 날 수 있습니다.

모차르트는 음악을 잘하는 아버지의 영향을 받아 태어날 때부터 음악을 듣고 보고 만질 수 있어서 음악의 천재가 되었습니다. 손흥민 역시 아버지의 특별한 양육방식을 통해 축구 선수로 성장했습니다. 손흥민 아버지는 아이들과 함께 어렸을 때부터 축구를 하며 놀았습니다. 한 번도 축구 선수가 되라고 한 적이 없고 그저 축구를 운동 삼아 함께 하였습니다. 그러던 어느 날 축구 선수가 되고 싶다고 스스로 선택하게 하였고 그 순간부터 아버지는 훈련의 강도를 높이기 시작했습니다. 힘들다고 투정을 부리면 "이 훈련은 너희가 가르쳐 달라고 해서 시작한 일이야."라는 점을 늘 상기시켜 주었습니다. 아버지는 이렇게 말하곤 했습니다.

"축구 선수가 되는 건 무척 힘들고 어려운 일이라고 처음부터 말했잖아. 그래도 하겠다고 네가 약속했지 않니?" 이 말은 손흥민에게 자기 선택에 대한 책임감을 안겨주었습니다. 손흥민은 우스갯소리처럼 "아무리 봐도 그때 아버지가 한 말은 신의 한 수였어. 내가 먼저 하겠다고 했으니, 토를 달 수도 없고 남 탓할 수도 없고 내가 선택한 길이니, 책임감 있게 힘들어도 이겨내면서 할 수 있었다."라고 말한다고 합니다. 이처럼 부모의 강요가 아닌 아이의 자발적인 선택, 그리고 그 선택에 대한 책임감을 일깨워주는 부모의 태도가 진정한 리더와 인재를 만들어내는 핵심입니다.

아이의 진로와 적성을 제대로 찾아주려면, 3학년 때 갑자기 시작하는 것이 아니라 유아기부터 관심을 가져야 합니다. 유대인들처럼 태교부터 기초를 잘 다져 뿌리를 내리면 금상첨화이겠지요.

더 중요한 것을 4학년부터는 형성되고, 습관이 굳어진다는 점입니다. 그 시기부터는 아이가 지난 10년 동안 살아온 방식이 몸에 익어 그 방식대로 살아가는 것이 더 편해집니다. 그래서 뒤늦게 "이대로는 안 되겠다."라고 자각하고 고치려 해도 쉽지 않은 경우가 많습니다.

이럴 때 부모는 '아이가 말을 듣지 않아요. 사춘기가 온 것 같아요.' 하면서 힘들어합니다.

하지만 아이는 이미 어릴 때 형성된 잠재의식 속 뿌리에 따라 행동하는 것입니다. 그 뿌리가 아이의 성품이 되고, 성격이 되고, 결국 몸의 반응이 되어 '지금의 나'를 만들어가는 것입니다.

9살까지를 유아기라고 합니다. 이 시기는 아이의 꿈의 밑바탕이 형성되는 시기이며, 그 꿈을 이루기 위한 무한한 가능성을 탐색하는 시기이기도 합니다. 그래서 이 시기에는 다양한 체험을 통해 아이의 재능과 적성, 흥미를 폭넓게 살펴보아야 합니다. 이를 바탕으로 내 아이가 무엇을 좋아하고 잘하는지 재능과 적성을 찾아서 4학년부터는 목적과 방향을 설정하여 본격적으로 나아가야 합니다.

예를 들어, "우리 아이는 국어, 영어, 수학을 재미있어하고 장래에 의사가 되고 싶어 해요."라고 말한다면, 학과 공부에 집중하면서 진로에 맞는 교육 방향을 구체적으로 설정해 나가면 됩니다. 반대로, "공부보다는 운동을 더 좋아하고, 특히 축구에 관심이 많아요."라면, 학교 공부도 병행하면서 축구부가 있는 학교를 찾아보는 것이 현실적인 전략이 될 수 있습니다. 무조건 학과 공부만을 강요하기보다는, 아이의 기질과 특성에 맞는 맞춤형 진로 설계가 필요합니다.

초등 3학년까지는 부모의 코칭이 잘 통하는 시기입니다. 특히 초등 1학년이 되면, 누구보다 자녀를 잘 아는 부모가 자녀의 비전과 진로 방향에 대해 코칭을 해주어야 합니다. 이 시기 부모의 역할이 매우 중요합니다. 손흥민 선수의 아버지는 "흥민아, 축구를 해라."라고 말한 적은 없지만, 자연스럽게 축구를 좋아할 수 있는 환경을 만들어 주었습니다.

저도 아들 키울 때 "엄마 내가 뭐가 되면 좋겠어요?"하며 물었을 때 "엄마는 네가 하고 싶은 거면 뭐를 해도 좋아."라고 말했지만, 마음속으로는 아들이 몸이 안 좋은 탓에 의학계에서 일하기를 바랐습니다. 그 바람이 아이에게 자연스럽게 전달되었는지 지금은 미국의 병원에서 제약을 담당하는 매니저로 일하며 자신의 길을 걷고 있습니다.

초등학교 입학은 유치원·어린이집과는 또 다른 시작입니다. 새로운 환경에 대한 두려움도 있지만, 부모의 기대에 부응하고 싶은 마음, 잘하고 싶은 의욕도 함께 생깁니다. 초등 1학년부터 3학년까지의 3년은 학교생활의 기초를 다지는 시기입니다. 이 시기를 계획적으로 준비해 준다면, 초등 4학년 이후에는 아이와 함께 미래를 설계하고 목표를 정하는 행복한 여정이 될 수 있습니다. 이와 관련해 조기 교육의 중요성도 짚고 넘어가야 합니다.

조기 교육은 어린 시절부터 체계적인 교육을 통해 아이들의 발달을 촉진하는 교육 과정입니다. 재능 체감 법칙에 따르면, 0세부터 교육을 시작할수록 아이의 소질이 더 잘 자리 잡고, 교육이 늦을수록 아이의 타고난 소질이 점점 사라질 수 있다고 합니다.

초등 3년까지의 시기는 아이의 평생을 좌우할 수 있는 결정적인 시기입니다. 이 시기 아이가 건강하게 성장하며, 스스로 잘하고 좋아하는 것을 발견하고, 자기만의 목표를 세우고 꿈을 향해 나아갈 수 있도록 도와주세요.

5장

엄마도 처음이야, 꿈을 향해 출발!
아이를 키우며 나를 성장시키는 인문학적 여정

모든 문제는 나로부터 시작됩니다 −적을 알고 나를 알면 백전백승 _ 251
엄마가 행복해야 아이가 행복합니다 −진짜 행복, 어디서 올까요? _ 258
꿈꾸는 엄마는 멋있다 −당신의 멘토는 누구인가요? _ 265
자기 계발의 최고는 책 쓰기입니다. 책을 꼭 쓰세요! _ 272
셀프리더십(자기경영)이 되면 꿈은 이루어집니다 _ 280
−함께 성장하고 함께 행복하고 함께 성공하자
꿈을 이루는 4가지 균형 잡힌 삶 _ 286
−일터, 가족, 건강, 배움의 조화가 내 인생을 만듭니다

모든 문제는 나로부터 시작됩니다
—적을 알고 나를 알면 백전백승

저는 태어나면서부터 엄마의 사랑조차 제대로 받지 못한 채 온갖 고생을 하며 자랐습니다. 그 덕분에 생활력 하나는 남다르게 강한 사람으로 성장했고, 주변 어른들은 "사막에 던져놔도 살 아이"라며 저를 칭찬하곤 했습니다.

교회를 다니며 봉사도 즐기고 신앙심도 있었지만, 막상 삶의 중요한 결정들은 하나님께 묻지 않고 제 뜻대로 내리곤 했습니다. 가족들은 반대했지만, 저는 시부모님이 돌아가시고 7살, 9살 어린 시누이들을 포함한 8남매의 맏이였던 남편과 세상 물정을 모른 채 25살에 결혼을 결정했습니다.

그저 내가 희생하고 헌신하고, 봉사하는 마음으로 열심히 살면 모든 것이 잘될 줄 알았습니다. 밤낮없이 일했고 검소하게 살며, 온전히 가족만을 위해서 살았습니다. 그런데도 남편은 불만이 많았고, 결국 마음은 점점 멀어지고 말았습니다. 아무리 생각해도 나는 잘못한 게 없는데 왜 그런지 알 수가 없었습니다. 누군가 "문제는 서로에게 있다. 당신도 더 노력해보라."고 말하면 도리어 화가 났습니다.

'내가 얼마나 열심히 살았는데, 도대체 더 뭘 하라는 거야?' 그러다 어느 날 깨달았습니다. 정말 문제는 나에게도 있었다는 것, 그리고 내 문제를 직면하지 않으면 절대 해결이 없다는 것을요. 어느 상담 전문가에게 "상담하기 가장 어려운 사람이 누구냐"고 물었더니, "자신에게 문제가 없다고 생각하는 사람"이라고 하더군요.

본인에게는 문제가 없다고 생각하는 사람들은 보통 두 가지 유형으로 나뉩니다. 첫 번째는 저처럼 자신에게 어떤 문제가 있는지조차 인식하지 못하는 경우입니다. 이들은 스스로 늘 옳다고 여기며, 자신의 문제를 인식하지 못하는 겁니다.

두 번째는 문제의 원인을 남 탓이나 환경 탓으로 돌리며, 자신은 늘 피해자라고 생각하는 경우입니다. 이들은 상황을 합리화하며 "나는 억울하다."는 감정에 머물러 있습니다. 하지만 우리는 알아야 합니다. 내가 먼저 변할 때 상대방도 달라집니다. 문제를 해결하려 할 때, 잘잘못을 먼저 따지면 오히려 일이 꼬이기 쉽습니다. 누구나 자기 입장에서는 다 이유가 있고, 억울하다고 느끼며, 스스로는 잘했다고 생각하기 마련입니다.

예를 들어 가족이 여행을 가기 위해 아침 8시에 출발하기로 했다고 가정해봅시다. 아이를 챙기고 짐을 준비하느라 보통 엄마가 아빠보다 더 분주하지요. 아빠는 8시 정각에 출발하려고 5분 전 차에서 기다립니다. 엄마는 준비하는 중에 아이가 갑자기 화장실 가겠다 하거나 급한 전화가 와서 조금 늦게 내려옵니다. 남편은 왜 늦느냐고 짜증을 내고, 엄마는 속상한 마음에 이렇게 생각합니다. "내가 일부러 늦은 것도 아니고, 아이 챙기느라 그런 건데…. 왜 이렇게 속이 좁지?" 그렇게 화를 내며 서로 감정이 상합니다.

그런 아내의 모습을 보며 남편은 속으로 생각합니다. "본인이 늦었으면서 오히려 화를 내다니, 이건 좀 지나친 거 아닌가?" 이해심도 없고, 고집만 세다고 생각하며 실망합니다. 이렇게 서로 오해가 깊어지며 다툼으로 번지게 됩니다. 사랑을 충분히 받지 못하고 자란 저는, 자존감이 낮아 작은 상처에도 쉽게 마음이 닫히곤 했습니다. 그럴 때면 며칠씩 말을 하지 않고 속으로 삭이며, '내가 참는 건 착해서 그래….'라며 자신을 달래곤 했습니다. 그런 아내의 모습을 지켜보는 남편의 마음은 얼마나 답답했을까요?

한편, 사랑을 많이 받고 자란 저희 며느리는 남편이 가끔 심한 말을 해도 부드럽게 받아들이고 무던히 넘깁니다. 기분이 상할 법도 한데, 자신의 의견은 분명히 표현하면서도 그 감정을 오래 마음에 담아두지 않습니다. 다시 원점으로 돌아가 생각해 봅니다. 과연 누가 문제였고, 무엇이 잘못이었으며, 이 상황은 어떻게 풀어가는 것이 좋을까요?

"여보 미안해요. 기다리게 했죠? 하은이 챙기느라 늦어졌어요. 다음에는 더 일찍 준비해서 시간 맞출게요." 이처럼 솔직한 사과 한마디가 갈등을 풀고 마음을 열 수 있는 열쇠가 됩니다.

특히 시간 약속에 예민한 남편이라면 정말로 다음부터는 늦지 않도록 더 철저히 준비해야 하겠지요. 왜냐하면 어떤 이유에서든, 결과적으로 약속을 어긴 원인은 나에게 있었으니까요. 그런데 우리는 종종 자신의 행동은 돌아보지 않고 상대방의 반응에만 집중하다 보니 그 반응이 서운하게 느껴지고, 결국 화로 이어지는 경우가 많습니다.

남자와 여자는 성향도 다르고, 세계를 바라보는 시각도 다르며, 누구나 각자의 방식이 있습니다. 일반적으로 남자는 문제 해결 중심적이고 여자는 감정 중심적인 경향이 강합니다. 그래서 소통할 때도 남자는 문제를 해결하려는 경향이 강하고 여자는 감정을 공유하고 공감받기를 원합니다.

여자는 감정적 지지와 이해를 바라며, 남자는 자신이 존중받고 있다는 느낌을 중요하게 여깁니다. 갈등을 해결할 때도 남자는 혼자 시간을 가지며 생각을 정리하는 것을 선호하고 여자는 대화를 통해 감정을 풀고 싶어합니다. 이처럼 서로의 차이를 이해하고 존중하는 자세로 다가가면, 작은 갈등이 큰 문제로 번지는 것을 막을 수 있습니다.

저희 직원 중에 성품이 좋고 어른스러운 분이 있습니다. 그런데 그분이 몸이 아프면 어느새 아기처럼 약해지는 모습을 보고 놀란 적이 있습니다. 그 순간 '아하 이분은 아플 때 더 세심한 배려가 필요하겠구나' 하고 깨달았고, 그 후로 아플 때는 더 따뜻하게 챙겨주니 갈등이 생길 일이 없었습니다.

누군가의 행동이 유난스럽거나 과하게 느껴질 때면, 이렇게 생각해봅니다. '왜 저럴까? 아, 저 부분에 상처가 있구나. 쓴 뿌리가 남아 있구나. 마음속에 아픈 아이가 있구나. 그렇다면 나는 어떻게 반응하고 도와줘야 할까?' 이처럼 상대를 이해하려는 마음으로 접근하면 많은 문제가 자연스럽게 풀립니다.

누구나 살아가면서 상처를 받으며, 그 상처가 제대로 치유되지 않으면 '쓴 뿌리'로 남아 자신도 모르게 행동에 영향을 주게 됩니다. 저 역시 하나님을 깊이 만나면서 많은 상처가 치유되었지만, 그래도 쓴 뿌리들이 남아서 섭섭함이 올 때가 있습니다. '왜 나한테 이럴까? 혹시 나를 무시하는 건가?' 이런 부정적인 생각이 들면 얼른 마음을 멈추고 나 자신을 돌아봅니다. '내가 왜 이렇게 생각하지? 내 안의 자격지심 때문인가? 자존감이 흔들려서 그런가?' 그리고 나서 먼저 연락하고, 먼저 다가가 보면 대부분은 내가 오해했던 경우가 많습니다. 혹시 상대가 정말 그런 마음이었더라도 내가 먼저 품어주고 따뜻하게 다가가면 상대도 미안해하며 마음을 열고, 관계는 오히려 더 가까워지곤 합니다.

우리의 삶 속에 문제는 언제나 있습니다. 그 문제를 잘 해결하는 가장 좋은 방법은 먼저 나 자신에게서 원인을 찾아 해결하려는 자세를 갖는 것입니다. 그래도 문제가 쉽게 풀리지 않으면 상대방의 입장과 문제점을 함께 바라보며, 그 문제점과 부딪히지 않으려면 내가 어떻게 행동하면 좋을지 고민하며 풀어나가는 것이 중요합니다.

"왜 이런 생각이 들지? 그러면 어떻게 풀어나가야 좋을까? 더 좋은 생각은 없을까?" 스스로 질문하고 매사에 사랑과 긍정의 마음으로 문제를 해결하면 비록 당장은 손해처럼 느껴질지라도, 결국 그 경험이 디딤돌이 되어 더욱 나를 성장시키고, 많은 사람과 함께하며 인정받고 일이 잘 풀리는 결과로 이어짐을 경험하게 될 것입니다.

어떤 문제든 원인을 나에게서 먼저 찾는 태도는 관계를 회복시키고, 내가 하는 모든 일에도 좋은 영향을 줍니다. 특히 자녀와의 관계, 가정에서의 역할, 부모로서의 위치에 있어서 '나 자신을 돌아보는 시선'은 매우 중요합니다. 아이의 행동을 바꾸고 싶다면, 부모인 내가 먼저 달라져야 합니다. 부모가 배우고 성장하면, 그 변화는 고스란히 자녀에게 흘러갑니다.

1) 부모에서 학(學)부모가 되자.

사랑하는 어머님은 어떤 문제가 생기면 부딪히나요? 그 문제를 해결하지 않으면 늘 그 문제로 인해 힘들어집니다. 부모에서 학(學)부모가 되세요. 부모가 아이를 낳고 먹이고 입히는 존재라면, 학(學)부모는 늘 배우고 성장하며 자녀와 함께 자라는 사람입니다. 자녀를 위해 나 자신이 먼저 배워야 할 때입니다.

2) 나의 우선순위는 무엇인가요?

"나를 위한 시간을 내세요." 이 말에 대부분 사람은 "바빠서요."라고 말합니다. 하지만 만약 아이에게 지금 당장 큰일이 생긴다면? 가족에게 긴급한 문제가 생긴다면? 우리는 그 어떤 약속보다도 먼저 시간을 내겠지요. 그만큼 '나'도 소중한 존재입니다.

내가 있어야 가족도 있고, 내가 건강해야 아이도 잘 돌볼 수 있습니다. 자신을 사랑하고, 자신에게 집중하는 시간은 결코 사치가 아닙니다. 오히려 꼭 필요한 투자입니다. 어머님께 지금 맡겨진 '운전대'는 몇 개인가요? 가정, 일터, 공동체에서 리더이신 어머님은 그 모든 삶의 영역에서 소명의 운전을 잘하고 계신가요?

맡은 자리에 최선을 다하고 지혜롭게 운전한다면, 분명히 더 크고 의미 있는 기회를 운전할 수 있는 날이 올 것입니다.

엄마가 행복해야 아이가 행복합니다
-진짜 행복, 어디서 올까요?

"당신의 삶의 행복은 당신의 생각의 질에 달려 있습니다."
-마르쿠스 아우렐리우스

우리가 원하는 모든 것을 가졌다 해도 행복하지 않고 불행하다면 성공한 삶이라고 말하긴 어렵습니다. 긍정심리학의 창시자 마틴 셀리그만 박사는 행복은 순간적인 쾌락이 아닌, 자신의 감정과 미덕을 발휘하여 얻은 긍정적인 감정이라고 정의했습니다. 이는 일시적인 기쁨이 아닌, 지속적이고 깊이 있는 진짜 행복을 뜻합니다. 그는 또한 행복은 기술처럼 연습으로 익힐 수 있다고 말합니다. "나는 오늘 행복할 거야." 스스로 그렇게 말하며 지금 이 순간 어떤 생각을 하고, 어떤 행동을 할지 선택해 보세요. 작은 실천이 쌓여 행복한 삶이 됩니다.

행복 방정식
- 긍정적인 생각 + 감사하는 마음 = 행복한 삶
- 부정적인 생각 + 불평하는 마음 = 불행한 삶

행복은 멀리 있는 것이 아닙니다. 우리가 행복을 좇는 것이 아니라, 지금 이 순간을 행복하게 살아가는 것입니다. 다시 말해, 행복은 작고 소소한 일상 속에서 실천하는 단순한 행동들에서 비롯됩니다.

미국의 자기계발 전문가 제프 올슨은 다음과 같이 말했습니다.
- 행복은 유전, 행운 또는 기회로 얻어지지 않는다.
- 행복은 생각만큼 상황과 관련이 깊지 않다.
- 행복은 손에 닿을 수 없는 대단한 사건이나 성공의 결과물이 아니다.
- 행복은 우리가 매일 하는 단순하고 쉬운 일들로 만들어진다.

반대로 불행은, 그런 작은 실천을 하지 않을 때 찾아옵니다. 결국, 행복은 선택이며 실천입니다. 어머님이 행복을 선택하실 때, 아이도 함께 행복을 배우게 됩니다.

행복은 로또에 당첨되는 것도, 큰 집으로 이사 가는 것도, 유명한 사람과 결혼하는 것도 아닙니다. 좋은 행복은 단순한 일상을 소중히 여기며, 그것을 매일 실천할 때 비로소 찾아옵니다.

제프 올슨의 어머니는 많은 형제를 낳고, 남편을 일찍 여의며 가난한 삶을 살아야 했지만 그런데도 언제나 행복하게 사셨다고 합니다. 자녀를 키우면서 한 번도 부정적인 말씀을 하지 않으셨고, 어떤 사람에 대해서도 험담을 하신 적이 없었다고 회고합니다.

그녀는 삶의 모든 순간에서 좋은 점을 찾아내는 눈을 가졌고, 때론 무례하거나 힘들게 하는 사람조차 이해하고 긍정적으로 바라보려는 태도를 지녔습니다. 그리고 말하곤 했습니다. "나는 복이 많은 사람이야." 하면서 매사에 감사하고, 타인에게 친절을 베풀며, '무례하게 대하지 않는 것'이야말로 자신을 지키고 행복을 만드는 방법임을 몸소 보여주셨던 분입니다.

삶이 가난하고 늘 문제가 생겼지만, 그분은 지금 이 순간 행복을 선택하며 평생을 행복하게 살아가셨습니다. 행복을 뒤로 미루면 행복하게 살 수 없습니다. '더 부자 되면…', '이 문제가 끝나면…' 하면서 행복을 뒤로 미루다 보면, 행복은 끝내 우리 곁에 머물지 않습니다. 행복은 지금 이 순간, "나는 행복하다"라고 믿으며 행동하는 것에서 시작됩니다.

미국의 긍정심리학 권위자인 마틴 셀리그먼 박사는, 한 사람이 사용하는 언어만 보아도 그 사람의 수명을 어느 정도 예측할 수 있다고 말합니다. 미국 질병통제예방센터(CDC)의 자료에 의하면 분노, 적개심, 공격성을 가진 '화난다, 짜증 난다, 안 된다, 우울하다, 지겹다, 힘들다' 와 같은 부정적인 표현을 자주 사용하는 사람들은 '행복하다, 감사하다, 나누다, 도움이 된다, 전진한다, 멋지다, 흥미롭다, 이야기해보자' 와 같은 긍정적인 언어를 쓰는 사람들보다 심장마비나 동맥경화의 발병률이 현저히 높게 나타난다고 발표했습니다.

행복한 사람들의 특징은 다음과 같습니다.
· 심장 발작 및 뇌졸중 발생률이 낮다.
· 통증과 염증이 적다.

- 면역이 강하고 바이러스에 대한 저항력이 높다.
- 여러 상황에 유연하게 반응하고 역경 대처 능력이 뛰어나다.
- 업무 성과가 좋고 일에서 성공할 확률이 높다.
- 결혼 생활 만족도가 높고 결혼 유지 기간도 길다.
- 사회성이 뛰어나고 아는 사람도 많다.
- 지역사회나 커뮤니티에 적극적으로 참여한다.
- 이타적 사고를 하며 주변 사회에 긍정의 영향력을 행사한다.
- 재정 상태가 양호하다.
- 무엇보다 장수한다.

결국, 행복은 마음의 태도에서 시작되며, 그 영향은 몸과 삶 전체로 이어집니다. 매일 사용하는 말부터 바꾸면 인생이 달라집니다.

사랑하는 어머님 꼭 행복해야 합니다. "엄마는 괜찮아 너만 행복하면 돼." 이렇게 말하며 자신의 행복을 뒤로 미루지 마세요. 엄마가 행복해야 아이도 행복합니다. "내가 행복해지려면 무엇을 해야 할까?" 너무 거창하게 계획을 세우면 실천하기 어렵습니다.

모유를 1년 이상 먹이면 좋다고 하지만 너무 힘들어서 짜증 내며 억지로 하기보다는 할 수 있는 만큼만 하시고 우유로 바꿔주세요. 또한 만 2세까지는 엄마가 직접 키우는 것이 이상적이라지만, 엄마가 지치고 힘들다면 좋은 어린이집에 맡기는 것도 훌륭한 선택입니다. 믿을 수 있는 선생님과 시설이 갖춰진 곳이라면 아이도 잘 자라고, 엄마도 건강하고 행복한 하루하루를 살 수 있습니다.

　행복은 거창한 일이 아닙니다. 지금 당장 할 수 있는 작은 일을 실천하는 것에서 시작됩니다. 우리가 힘든 이유는, 내 힘으로 바꿀 수 없는 것을 바꾸려 애쓰기 때문입니다. 예를 들면, 지나간 일들을 후회하며 다시 돌리고 싶은 것, 갑자기 꼴등이 1등이 되는 것, 남편의 성격을 바꾸는 것, 날씨를 내 마음대로 조절하는 것처럼요. 하지만 내가 할 수 있는 일은 분명 있습니다. 오늘부터, 작지만 의미 있는 실천을 해보세요.

실천 가능한 행복 습관

① 내 통장 만들어서 매월 10만원 이상 저금하기
② 매일 운동 20분 하기(처음부터 1시간을 목표로 잡으면 부담이 되어 지속하기 어려울 수 있습니다.)
③ 매일 10페이지 책 읽기(한 달에 한 권 읽을 수 있음.)
④ 날마다 감사 3가지 적기
⑤ 내아이 날마다 세 번 이상 안아주고, 한 번 이상 칭찬하기
⑥ 30분 일찍 일어나기

　겉보기엔 사소해 보이지만, 이런 작고 꾸준한 실천이 인생을 바꾸는 힘이 됩니다. 행복은 지금 이 순간 내가 선택할 수 있는 삶의 방식입니다.

　40년 전 인천에 이사 오며 가장 저렴한 곳을 찾아 정착한 곳이 바로 주안역 뒤쪽이었습니다. 많은 이들이 어려운 지역이라며 신도시나 조건이 좋은 곳에서 유치원이나 학원을 시작하라고 조언

했지만, 저는 묵묵히 한 자리를 지키며 40년을 걸어왔습니다. 그 결과, 지금은 지역을 대표하는 명문 교육기관으로 자리매김하게 되었습니다.

학창 시절엔 형편이 어려워 학업을 제때 이어가지 못했지만, 평생 배우는 학생이라는 마음으로 살아왔고, 결국 67세에 박사학위를 받을 수 있었습니다. 삶은 3분 만에 완성되는 컵라면도, 단 2시간 만에 결론이 나는 영화도 아닙니다.

긍정의 스위치를 켜고, 날마다 성실히 살아가다 보면 어느 순간, 우리는 목표를 향해 도달해 있음을 발견하게 됩니다. 지금은 안 되는 것처럼 보여도, 단지 시간이 더 걸릴 뿐입니다. 내가 포기하지 않는다면 결국 가장 좋을 때에 그 목적지에 다다르게 됩니다.

엄마와 아이는 하나의 유기체입니다. 엄마가 불행한데 아이만 행복할 수는 없습니다. 사랑하는 내 아이가 건강하고 행복하게 자라기 위해서는, 엄마가 먼저 행복해야 합니다. 사랑하는 어머님, 부디 당신 자신부터 행복해지시기를 진심으로 응원합니다.

행복
−나태수

저녁 때
돌아갈 집이 있다는 것

힘들 때
마음속으로 생각 할 사람이 있다는 것

행복은
먼 곳에 있는 것이 아니다.
아주 가까운 곳에…

행복은 남들이 가지고
있는 것이 아니라
이미 내가…

행복은 큰 것이 아니다
아주 작은 것…

행복은 눈에 보이는 것이 아니다
마음으로 보는 것

오늘도 행복은
우리 곁에서 맴맴 돌겠지요.

꿈꾸는 엄마는 멋있다
―당신의 멘토는 누구인가요?

　어렸을 때부터 저에게는 늘 꿈이 있었습니다. 학교를 다니면서 공부를 하고 싶었고 초등학교 선생님이 되고 싶었습니다. 그리 크지도 않고, 남들이 보기엔 그리 어렵지 않은 꿈이었지만, 저에게는 결코 쉬운 길이 아니었습니다. 초등학교를 졸업하고 나서도 학교에 다시 다니려 하면 늘 큰일이 생겼습니다.

　어머니께서 갑작스레 쓰러지셔서 중풍과 치매로 고생하시게 되면서 저는 소녀 가장이 되어 가정을 책임져야 했고, 다시 학교에 가려 했을 때는 큰 사고로 2년 가까이 치료를 받아야 했습니다.

　그런데도 저는 꿈을 포기하지 않았습니다. 계속해서 도전하고 노력한 끝에 67세에 박사 학위를 받을 수 있었고, 초등교사를 꿈꾸던 그 시절을 지나 유치원 원장이 되고, 이사장이 되었으며, 수많은 이들에게 삶의 희망과 비전을 나누고자 책 쓰기 지도 및 강의도 하고 있습니다.

　이제 70을 바라보는 이 시점에서 저의 새로운 꿈은, 하나님의 축복 통로가 되어 더 많은 이들이 자신의 꿈을 이루고 행복한 삶을 살아갈 수 있도록 도우며, 사랑하는 일터에서 사명을 다하다가 천국에 가는 것이 꿈입니다.

마크 빅터 한센은 이렇게 말했습니다. "자신의 운명을 개척하라. 생각하는 대로 이루어진다. 꿈과 목표를 종이에 적고, 그에 맞는 행동을 실천함으로써 점점 이상에 가까워질 수 있다. 미래를 당신의 것으로 만들어라."

저는 가난한 가정에서 태어나 힘겨운 시절을 보냈고, 누구도 제 삶에 큰 관심을 주지 않았습니다. 그런데 어떻게 지금 이처럼 꿈 이상으로 이루어내며 감사한 삶을 살고 있을까요? 그 해답은 '꿈'에 있습니다.

저는 언제나 꿈을 품고, 그 꿈을 마음속에만 두지 않고 행동으로 옮겼습니다. 사랑하는 어머님, 엄마의 꿈이 이루어질 때 아이의 꿈도 함께 피어납니다. 오늘도 당신의 소중한 꿈이 아이와 함께 이루어지기를 소망하며, 성공한 사람들에게 공통으로 나타나는 꿈의 이루는 비결을 소개해드리겠습니다.

우리나라 제14대 대통령 김영삼은 어린 시절부터 대통령이 되는 것이 꿈이었습니다. 그는 책상 위에 '미래의 대통령 김영삼'이라는 문구를 붙여두었고, 누군가 그것을 떼면 울면서 다시 붙였다고 합니다.

어릴 때부터 분명한 목표를 가지고 공부에 매진한 결과, 그는 서울대학교에 입학하고 최연소 국회의원이 되었으며, 마침내 대통령의 꿈을 이루었습니다. 프랑스 작가 앙드레 말로는 "오랫동안 꿈을 그리는 사람은 마침내 그 꿈을 닮아간다."고 말했습니다.

또한 하버드대의 통계에 따르면, 사람 중 87%는 명확한 꿈이나 목표 없이 살아가고, 10%는 마음속으로 목표를 설정해 살아가며, 단 3%만이 목표를 글로 적고 구체적인 계획을 세운다고 합니다. 그로부터 10년 뒤, 3%는 나머지 97%보다 평균적으로 10배 이상의 수입을 올리는 삶을 살고 있었다는 분석 결과도 있습니다.

15년 전, 저는 기업 경영보다 더 중요한 것이 바로 '자기 경영'이라는 깨달음을 얻고 3P 자기경영연구소에 입문하였습니다. 이후 약 2년 동안 교육 과정을 성실히 이수한 끝에 '자기경영 마스터' 자격을 취득하였고, 현재는 강연가로서도 활동하고 있습니다.

당시 교육 초창기에 저는 평생 계획을 세우고 미래 일기를 쓰며, 1년 계획, 월간 계획, 주간 계획, 하루 계획까지 체계적으로 작성하는 훈련을 받았습니다. 그때 작성한 계획표를 지금 다시 들여다보면, 당시에는 현실적으로 불가능하다고 여겼던 일들이 어느새 이루어져 있다는 사실에 자신도 놀라곤 합니다.

교육을 받으신 분들 가운데서도 "이건 말도 안 되지만 그냥 쓰라고 하니까 적긴 했는데, 정말 이뤄졌어요!"라며 기쁜 마음으로 연락을 주시는 사례가 종종 있습니다. 계획을 세우고 기록하고 실행하는 작은 습관이 인생을 바꿀 수 있음을 저는 직접 체험했습니다.

첫째, 꿈을 적으세요. 꿈과 비전을 구체적으로 적고 눈에 잘 보이는 곳에 두세요. 그것이 이미 이루어진 것처럼 생각하며 매일 감사 일기를 쓰거나 핸드폰에 저장해 자주 보는 것도 좋습니다. 목표가 있다면, 그 목표를 바라보며 오늘 해야 할 일을 선택해야 합니다. 빠르게 가는 것보다, 올바른 방향으로 가는 것이 더 중요합니다.

선장이 목적지 없이 바다를 항해한다면 아무리 열심히 노를 저어도 결코 원하는 곳에 도달할 수 없겠지요. 평생 목표, 1년 목표, 월간 목표, 주간 계획, 하루 24시간의 일정을 계획하여 실천해 나가면 결국 목표에 도달할 수 있습니다.

둘째, 하루는 나에게 주어진 선물입니다. 시간은 곧 금입니다. 오늘 하루에 감사하며, 24시간을 알차게 계획하고 행동으로 실천해 보세요. 내가 바뀌면 내일의 환경도 분명 달라집니다.

셋째, 꿈을 이루기 위해서는 철저한 자기 관리가 필요합니다. 아무렇게나 살아서는 원하는 삶을 얻을 수 없습니다. 설령 부모의 도움이나 로또 당첨으로 잠깐 성공하더라도, 자기 관리 없이 그 성공을 유지하기란 어렵습니다. 자기 관리에 대해서는 다음 장에서 자세히 설명하겠습니다.

세상에는 꿈도 없고 노력도 하지 않는 사람, 혹은 열심히는 하지만 비전이 없는 사람, 꿈은 있지만 행동하지 않는 사람도 있습니다. 이처럼 꿈 없이 사는 삶은 안타깝고, 비전 없는 노력은 방향 잃은 에너지 낭비이며, 노력 없는 꿈은 그저 '몽상'일 뿐입니다. 이랜드 재단 이경준 이사장은 "성공하는 사람은 꿈을 품고 그 꿈을 위해 꾸준히 실천하는 사람이다."라고 말했습니다.

넷째, 여러분의 멘토는 누구인가요? 저는 저보다 앞서 잘된 사람을 보면 시기하거나 질투하기보다는 '어떻게 저렇게 할 수 있을까?'라는 마음으로 배우려 노력했습니다. '큰 바위 얼굴' 속 소년처럼, 존경하는 인물을 닮기 위해 노력하다 보면 어느새 나도 그 모습에 가까워지게 됩니다.

제가 닮고 싶은 멘토는 전혜성 박사, 이순신 장군, 백화점 왕 워너 메이커, 그리고 성경의 요셉과 예수님입니다. 전혜성 박사는 한국 최초의 여성 심리학 박사이자, 미국에서 6남매를 모두 박사로 키워낸 위대한 어머니입니다. 본인 역시 박사학위를 받은 후 미국 사회와 한인 사회를 잇는 다리 역할을 하며, 교육과 신앙, 가정을 조화롭게 이끈 삶을 살았습니다. 그런 그녀의 삶은 저에게 '교육과 믿음, 그리고 사랑'이라는 가치가 얼마나 위대한지를 깊이 깨닫게 해줍니다. 저도 전 박사님처럼 어떠한 상황에서도 신념을 지키며, 다음 세대를 위한 길을 여는 삶을 살고 싶습니다.

이순신 장군은 혼란한 전시 중에도 시를 쓰고 전략을 고민하며, 23번의 전투에서 모두 승리하신 위대한 지도자입니다. 저도 힘들 때면 "나에게도 아직 13척의 배가 남아있다."는 그의 말을 떠올리며 마음을 다잡곤 합니다. "나의 죽음을 알리지 말라."는 그 한마디는, 진정한 리더의 무게를 다시금 느끼게 합니다.

백화점 왕으로 불리는 존 워너 메이커는 그리스도인의 표상이자, 신앙과 성공을 함께 이룬 인물입니다. 저 또한 워너 메이커처럼 신앙을 중심에 두고 살아가며, 이 땅에서 받은 축복을 나누는 삶을 살다가 천국에 이르기를 소망합니다.

성경 속 요셉은 어떤 상황에서도 하나님을 신뢰하며 긍정적으로 살아간 인물입니다. 억울한 일과 고난 가운데서도 하나님의 동행하심을 믿으며 주어진 자리에서 최선을 다해 결국에는 애굽의 총리가 되어 많은 생명을 구한 요셉은 저에게 큰 롤모델입니다.

또한 성경 누가복음 2장 52절에 "예수는 지혜와 키가 자라가며 하나님과 사람에게 더욱 사랑스러워 가시더라"라는 말씀처럼, 저 역시 예수님을 닮아 지혜롭고 건강하며 하나님과 사람에게 사랑받는 사람이 되기를 늘 기도합니다.

삶이 힘들고 외로울 때는 이처럼 나의 멘토들이 걸어온 길을 떠올리며 다시 용기를 내어 도전합니다. 그리고 이름도 없이 빛도 없이 헌신하며 살아가는 분들을 볼 때마다 깊은 감동을 합니다. 그분들의 검소하고 겸손한 삶은 제가 배우고 닮고자 하는 또 다른 본보기입니다. 누구에게든 배울 점이 있고, 그 안에서 나를 돌아보며 성장할 수 있는 지혜를 얻습니다. 그래서 오늘도 감사하는 마음으로 더 좋은 사람이 되기 위해 노력합니다.

이상한 행동을 하는 사람들에게도 저는 배웁니다. '저 사람은 저 부분에 상처가 있거나 마음이 아픈 사람이겠구나.'하고 생각합니다. 그리고 '내가 저 상황에 처하더라도 저렇게 행동하지 말아야지.' 다짐하며 한 수 배우는 마음으로 바라봅니다.

비록 그 부분은 나보다 부족해 보일 수 있지만, 다른 어떤 면에서는 분명 나보다 뛰어난 점이 있을 수 있음을 떠올리며, 누구도 함부로 판단하거나 무시하지 않겠다고 마음을 다잡습니다.

누군가를 멘토로 삼고 그 사람의 장점을 배우며 따라가다 보면, 어느새 '큰 바위 얼굴'의 주인공처럼 내가 그 모습을 닮아가고 있을 것입니다. 결국, 이 세상 모든 이가 저의 멘토입니다. 꿈을 꾸세요. 그리고 적으세요. 생각하세요. 실천하세요. 그러면 꿈은 반드시 이루어집니다.

자기 계발의 최고는 책 쓰기입니다 책을 꼭 쓰세요!

성공해서 책을 쓰는 것이 아니라 책을 쓰면 성공한다.
—김태광

독서경영을 공부하면서 1년에 약 50권 이상의 책을 읽다 보니, 책의 흐름이 눈에 들어오기 시작했습니다. 그러면서 '나도 책을 쓸 수 있겠구나.'하는 자신감이 생겼고, 버킷리스트에 '베스트셀러 책 출간하기'를 적고 도전하게 되었습니다.

하지만 막상 쓰려니 생각만큼 쉽지 않았습니다. 책 쓰기 코칭을 받으며 몇 번을 시도했지만 이런저런 이유로 미루기만 하다 결국 용기를 내어 도전했고, 드디어 '내 아이 행복한 영재로 키우기'라는 책을 출간하며 베스트셀러 작가가 되었습니다.

그 책이 출간된 지 5년이 지난 지금, 저는 여러 권의 책을 집필하고 강의도 다니며 책 쓰기 코칭도 하고 있습니다. 돌아보면, "그때 나처럼 고생하지 않도록 누군가 제대로 이끌어주었더라면 책을 쓰는데 3년이나 걸리지 않았을 텐데…"라는 아쉬움이 들기도 합니다. 하지만 그 과정을 통해 다양한 시행착오를 겪으며 '책 쓰기 노하우'가 제 안에 자연스럽게 쌓였고, 이제는 누구라도 책을 쓸 수 있도록 돕는 실질적인 코칭 능력을 갖추게 되었습니다.

한글만 알면 누구나 책을 쓸 수 있습니다. 100세 시대, 자신의 전문성을 세상에 드러내는 최고의 방법은 바로 책을 쓰는 것입니다. 지금 바로 시작해 보세요. 삶이 달라집니다.

책을 써야 하는 이유

"성공해서 책을 쓰는 것이 아니라, 책을 쓰면 성공합니다."라는 말이 있습니다. 이 말은 제가 책 쓰기 코칭을 하면서 가장 중요하게 여기는 핵심이기도 합니다. 첫째, 책을 쓰는 과정은 마음속 깊이 쌓여 있던 상처와 쓴 뿌리를 치유하는 시간입니다. 글을 쓰면서 자신을 돌아보고 정리하다 보면 감정의 앙금이 자연스럽게 녹아내립니다.

둘째, 누구에게나 내면에 잠든 보석이 있습니다. 그동안의 실패, 좌절, 비교 속에서 잊히고 가려졌던 그 보석을 책을 통해 다시 꺼내어 빛나게 할 수 있습니다. 셋째, 이러한 과정 속에서 진정성 있는 한 권의 책이 탄생하게 됩니다. 책을 쓴다는 것은 단순히 지식을 기록하는 것이 아니라, 삶을 정리하고, 가치를 재발견하는 과정입니다.

책을 집필하는 것은 특정 분야에서의 전문성을 인정받고, 자신의 지식을 공유하며 개인의 브랜드를 구축하는 데 크게 도움이 됩니다. 저자로서 정체성을 확립함으로써 강연, 워크숍, 컨설팅 등의 다양한 기회를 열 수 있으며, 이는 곧 경력 확장과 자기 계발로 이어집니다. 또한 책을 쓰는 과정은 깊은 자기 성찰을 가능하게 하며, 개인의 성장과 발전에 긍정적인 영향을 줍니다.

출간 이후에는 독자와의 소통을 통해 새로운 인연과 네트워크를 형성할 기회도 생깁니다. 이처럼 책 한 권은 우리의 삶에 여러 방면에서 놀라운 변화를 가져다주는 힘이 있습니다.

책 쓰기의 중요성

우리가 존경하는 이순신 장군의 위대함이 지금까지 생생하게 전해질 수 있었던 것도 '난중일기'라는 기록이 있었기 때문입니다. 성경도 마찬가지입니다. 만약 구전으로만 전해졌다면 지금처럼 전 세계에 퍼지기는 어려웠을 것입니다. 책 한 권은 인생을 바꾸는 도구가 될 수 있습니다.

고졸 배달부였던 박형근 작가는 자신의 경험을 담아 '연봉 1억 메신저 되다'라는 책을 쓰고 인생을 역전시키며 강연가로 성장한 사례도 있습니다. '퓨처 셀프'에 등장하는 빅터 프랭클 역시, 교도소에서 목숨을 걸고 집필한 책을 통해 세계적인 사상가로 기억되고 있습니다.

손흥민의 아버지 손웅정 씨가 쓴 '모든 것은 기본에서 시작한다'는 단순한 회고록을 넘어 아들의 이미지와 본인의 브랜드를 높인 대표적인 사례입니다. 책을 출간하면 마치 아이를 낳은 듯한 기쁨, 논문을 마쳤을 때의 성취감과는 또 다른 깊은 보람을 느낄 수 있습니다.

한 권의 책은 전문가로서의 신뢰도와 영향력을 높여주며, 때로는 박사 학위 이상의 퍼스널 브랜딩 효과를 만들어 줍니다. 박사 과정은 보통 3년 이상이 걸리지만, 책은 2~6개월 안에 완성할 수 있습니다. 책 한 권이 인생을 바꾸고, 당신만의 브랜드를 만들어 줄 수 있습니다. 이제 당신의 차례입니다.

책은 어떻게 써야 할까요?

'본질 육아'를 쓴 지나영 작가는 실제로 아이를 키운 경험이 없었고, '돈키호테'의 저자 미겔 데 세르반테스는 교도소에서 그 명작을 집필했습니다. 또한, IMF 외환위기 시절, 평범한 순경이 당대의 아버지들을 위로하기 위해 쓴 '아버지'라는 책은 무려 300만 부 이상 판매되었습니다.

책을 쓰기 전, 부정적인 생각은 가장 큰 장애물이 됩니다. '나는 이래서 안 돼'라는 생각보다는, '어떻게 하면 책을 쓸 수 있을까?'라는 질문으로 방향을 바꿔보세요. 방법을 찾으려는 마음이 생기면, 길은 반드시 열립니다.

책을 쓰기 위해서는 먼저 자신에게 물어보세요.

· 나는 어떤 주제로 책을 쓰고 싶은가?
· 왜 이 책을 써야 하는가?
· 이 책을 통해 나를 어떻게 브랜딩하고 싶은가?
· 내 책의 타겟 독자는 누구인가?
· 독자에게 전하고 싶은 핵심 메시지는 무엇인가?

이런 질문에 대한 답을 구체화하는 과정이 바로 책 쓰기의 시작입니다.

책은 제목과 목차가 나오면 이미 80% 쓴 거나 다름이 없습니다. 여러분은 책을 고를 때 가장 먼저 어디를 보시나요? 대부분의 독자는 제목과 목차를 보고 책을 선택합니다. 따라서 제목과 목차를 잘 구성하는 것이 책의 성공을 좌우할 수 있습니다. 다른 작가들이 쓴 책의 제목과 목차를 많이 참고해보세요.

마음에 드는 구성이나 표현을 보며 아이디어를 얻고, 나만의 방향으로 벤치마킹하는 것도 좋은 방법입니다. 사실, 세상에 완전히 새로운 것은 거의 없습니다. 많이 읽고, 많이 분석하며 배경지식을 충분히 쌓으면 책 쓰기가 훨씬 수월해질 것입니다.

제목 정하는 방법

① 다양한 책 제목을 참고하며 나만의 표현으로 각색해 봅니다.

② 온라인 서점에서 출간된 책들의 서평과 목차를 분석해 인사이트를 얻습니다.

③ TV 광고나 CF 문구에서 영감을 받아 제목 아이디어를 구상해 봅니다.

④ 유명한 명언을 바탕으로 현대적 감각에 맞게 재구성해 봅니다.

⑤ 철저하게 독자의 입장에서 고민해 봅니다. 독자가 공감할 수 있는 질문을 던지고, 왜 이 책을 꼭 읽어야 하는지에 대한 명확한 이유가 담겨야 합니다. "왜?"라는 질문에 대한 반론을 생각하고, 독자가 겪는 문제를 어떻게 해결할 수 있는지 메시지를 전해야 합니다. 만약 이 책을 읽지 않으면 어떤 어려움이 지속할 수

있는지도 함께 제시할 수 있다면 더욱 좋습니다.

⑥ 제목과 목차가 완성되었다면, 이제 독자가 원하는 스토리를 써 내려가야 합니다. 저자가 위기를 어떻게 극복했는지, 그 경험을 통해 무엇을 배웠고 어떤 성과를 이루었는지를 구체적으로 담아야 합니다. 독자가 공감할 수 있는 실질적인 경험과 감동이 담긴 이야기가 독자의 마음을 움직입니다. 무엇보다 중요한 것은, 아무리 많은 지식과 열정을 가지고 있더라도 첫 책을 혼자 쓰기는 결코 쉽지 않다는 것입니다. 경험 많은 멘토의 도움을 받으며 체계적으로 준비하는 것이 가장 효과적인 방법입니다.

제목을 정한 후에는 자신에게 질문해보세요.

① 내가 정한 제목을 보고 가슴이 뛰고 설레는가?
② 이 제목을 본 출판사 에디터들도 관심을 가질 만한가?

제목을 정할 때는 다양한 책 제목을 참고해 아이디어를 얻고, 나만의 방식으로 각색해 보는 것이 좋습니다.

꾸준한 독서는 책 쓰기에 있어 매우 큰 자산이 됩니다. 특히 자신이 쓰고자 하는 분야의 경쟁 도서 50권 정도를 읽어보면 글의 방향과 구조, 표현 방식에 대해 감이 생깁니다. '하늘 아래 새로운 것은 없다.'는 말처럼, 독서는 거인의 어깨에 올라서는 길입니다.

'남의 것을 보고 쓰면 안 되지 않을까?' 하는 생각이 들 수 있지만, 표질이 아닌 '참고'를 통해 내 이야기로 풀어내는 것은 지식의 발전과 성장의 한 과정입니다. 책을 쓸 때는 자신의 실제 경험과 사례를 담는 것이 중요합니다. 독자의 공감을 이끌어내고 진정성이 느껴지는 책이 되기 때문입니다. 단, 개인적인 감정을 풀어놓는 수준의 일기 형식이 되어서는 안 됩니다. '나의 이야기를 통해 독자의 문제를 어떻게 일깨우고 해결할 수 있을까?'를 중심에 두고 글을 전개해야 합니다.

최근에는 AI 기술이 발전하여 책 쓰기에 큰 도움을 받을 수 있지만, AI에만 의존해서는 진정한 나만의 책이라 할 수 없습니다. AI는 보조 수단일 뿐, 핵심은 나의 경험과 생각, 나의 목소리로 풀어낸 글이어야 합니다.

또한, 책은 독자의 문제를 공감하고 해결해주는 내용을 담아야 하며, 중학생도 이해할 수 있을 만큼 쉽게 쓰는 것이 기본입니다. 말로는 쉽게 표현되지만, 글로 옮기는 일은 처음에는 쉽지 않지만 전문가와 함께하면 2~3개월에 책 쓰기를 완성할 수 있습니다. 앞으로는 시험 제도도 객관식 중심에서 서술형과 논술형으로 바뀌어 갈 예정입니다. 따라서 자기 생각을 글로 표현하는 능력은 더 이상 선택이 아니라 필수가 되고 있습니다.

책을 좋아하고 책을 쓰는 아이로 키우려면 유아기부터 어떻게 지도해야 할까요?

1) 책 읽기 습관이 기본입니다.

매일 책을 읽어주고 다양한 장르에 책을 소개합니다. 책에 대한 흥미를 유도하고 이야기의 구조를 이해하도록 도와줍니다.

2) 일상 속 대화를 풍성하게 나누세요.

아이와 자주 대화하며 다양한 주제로 이야기합니다. "왜 그렇게 생각했어?", "정말 그렇구나!", "다른 방법도 있을까?" 같은 질문을 던지며 생각을 확장하도록 유도하고, 아이의 말에 진심으로 귀 기울이면 언어능력이 자연스럽게 자랍니다.

3) 쓰기 활동을 유도합니다.

요즘 아이들은 쓰기를 싫어합니다. 창문이나 큰 도화지에 글씨를 써보게 하거나, 재미있는 상황을 만들며 낙서처럼 시작해보세요. 짧은 단어나 문장을 쓰는 것부터 시작하여, 점차 자기 생각을 담은 간단한 이야기로 확장해 나갈 수 있습니다.

4) 창의적인 활동과 쓰기를 연결해보세요.

그림 그리기, 스토리보드 만들기 등 다양한 창의적 활동을 통해 상상력을 자극하면서 놀이 제목 써보기, 아빠 엄마 이름 써보기, 동네 간판 읽어보기, 이번 달 행사 써보기, 오늘 할 일 써보기 등을 통해 글쓰기를 생활 속에서 자연스럽게 익히게 합니다.

5) 항상 긍정적인 피드백을 주세요.

아이의 표현을 소중히 여기고 "정말 멋지게 썼네!", "이 부분은 참 좋은 생각이야!"와 같은 칭찬을 아끼지 마세요. 다듬을 부분이 있다면 부드럽게 제안해 주어야 아이는 자신감을 갖고 글쓰기에 더욱 흥미를 느끼게 됩니다.

"한 권의 책은 당신의 인생을 바꿀 수 있는 시작입니다."
—작자 미상

셀프리더십(자기경영)이 되면 꿈은 이루어집니다
－함께 성장하고 함께 행복하고 함께 성공하자

경영에 경도 모르는 제가 스물여섯에 학원 원장이 되어 수업과 경영을 함께하며 오로지 성실함 하나로 학원을 이끌어갔습니다. 그 노력이 하늘에 닿았는지 학원은 점차 성장했고, 유아부 아이들까지 맡게 되면서 이후에는 유치원과 어린이집, 초등부 전문 학원으로 발전하게 되었습니다. 하지만 규모가 커지면서 모든 일을 혼자서 감당하다 보니 한계에 부딪히게 되었고, 그때부터 '경영'의 필요성을 절실히 느꼈습니다.

저는 세상의 방식보다는 하나님의 말씀에 따라 '성경적 경영'을 하고 싶었기에 기독실업인회라는 단체에 가입하여 경영의 기초를 배우기 시작했습니다. 공부하며 '기업 경영'과 '자기 경영'이라는 두 축이 있음을 알게 되었고, 그중에서도 나를 먼저 다스리는 것이 중요하다는 깨달음에 따라 3P자기경영 연구소에 입문해 2년여 간 배우고 훈련하며 마침내 자기경영 마스터 자격을 얻게 되었습니다.

저는 평소 임기응변에 능하고 순발력이 있는 편이지만, 한편으로는 계획 없이 즉흥적으로 일 처리를 하는 경향도 있어 체계적인 운영이 어려웠습니다. 모든 일을 직접 해야 마음이 놓이는 성격 탓에 늘 바쁘고 지쳐 있었던 것도 사실입니다. 하지만 자기경영을 배우며 '나의 문제는 무엇인가?' '나를 관리하려면 어떻게 해야 하는가?'를 고민하고 실천하는 가운데, 비로소 방향이 잡히고 삶에 균형이 생기기 시작했습니다. 그 결과, 지금은 40여 년 유아 교육자의 길을 자부심 있게 걸어가며 운영할 수 있게 되었습니다.

사람을 만나고 일을 하다 보면 크고 작은 문제가 끊임없이 생깁니다. 그럴 때마다 저는 언제나 '모든 문제는 나로부터 시작된다'는 마음으로 먼저 저 자신을 돌아봅니다. '나에게 문제가 있는 건 아닐까?', '내가 어떻게 해야 이 상황이 나아질까?' 이처럼 나부터 점검하고 변화하려는 자세로 접근하면, 대부분 문제는 더 이상 장애물이 아니라 성장의 디딤돌이 되곤 합니다.

남을 탓하거나 세상을 원망하기보다는 나 하나 바로 서는 것, 그것이 곧 삶을 바꾸는 출발점입니다. 그렇다면 어떻게 하면 자기 경영, 곧 자기 관리를 잘할 수 있을까요? 제가 진행하는 셀프 리더십 강의(총 8시간)의 핵심 내용을 요약해 안내해 드리겠습니다. 기회가 된다면 이 강의를 통해 100일 챌린지를 함께 하며 자기 경영의 힘을 제대로 체험해보시길 권합니다.

자기 경영의 첫 번째는 '자기 관리'입니다.

'백만장자 마인드'라는 책에서는 백만장자들이 성공할 수 있었던 가장 큰 이유로 '철저한 자기 관리'를 첫 번째로 꼽고 있습니다. 그렇다면 자기 관리는 어떻게 해야 할까요?

'세계 최고의 인재들은 왜 기본에 집중할까'의 저자 도스카 다카미사는 그 해답을 '기록'에서 찾습니다. 세계적인 금융 기업 골드만삭스에 입사한 신입사원들은 업무 능력보다 먼저 노트 쓰는 법부터 배웁니다.

초등학생도 아닌데 왜 최고의 인재들이 평범한 기록부터 배울까요? 그 이유는 명확합니다. 기록은 단순한 메모가 아니라, 생각을 정리하고 행동을 변화시키는 힘이 있기 때문입니다. 적으면 꿈이 이루어진다고 하였습니다. 적으면 내 지식이 되고 적은 대로 생각하고 행동하게 되어 결국에는 꿈이 이루어집니다.

자기 경영의 두 번째는 시간 관리입니다. 하나님은 우리 모두에게 하루 24시간이라는 동일한 시간을 공평하게 주셨습니다. 경영의 아버지 피터 드러커는 이렇게 말했습니다. "내가 시간을 어떻게 쓰는지도 모른다면, 시간을 관리할 방법도 없다."

시간을 잘 관리하려면 다음과 같은 원칙이 필요합니다.

① 시간을 기록하라.

② 시간을 관리하라.

③ 시간을 묶음으로 사용하라.

④ 너의 시간을 알라

피터 드러커는 시간을 함부로 사용하는 사람은 결코 성공할 수 없다고 단언했습니다. 그중에서도 가장 중요한 시간대는 새벽 5시부터 8시까지의 시간입니다. 이 시간은 하루 중 집중력과 효율이 가장 높아, 일반적인 시간의 3배에 해당하는 효과를 낸다고 알려져 있습니다. 그래서 '새벽형 인간이 성공한다.'는 말이 나오는 것이지요. 또한 시간 관리는 단순히 '언제 할 것인가.'보다 '무엇을 먼저 할 것인가.', 즉 우선순위를 정하는 것이 더 중요합니다. 하루 중 가장 중요한 일부터 처리하는 습관은 인생의 방향을 크게 바꿔줄 수 있습니다.

제가 지금까지 지치지 않고 현장에서 일할 수 있었던 비결은, 하루라는 한정된 시간을 쓸데없는 일에 낭비하지 않고, 중요하고 가치 있는 일에 집중하고자 계획을 세우고 노력해왔기 때문입니다. 모든 사람을 다 수용하며 살 수는 없습니다.

내가 굳이 참석하지 않아도 되는 모임, 부정적인 생각, 미워하는 마음 등 삶에 도움이 되지 않는 것들에는 시간을 주지 않습니다. 대신, 함께 일하는 동역자들, 학부모, 가족, 지역 사회, 자기 계발, 그리고 하나님의 일을 함께하는 사람들과 가치 있고 보람 있으며 중요한 일들을 우선순위에 두고 살아가고 있습니다. 이러한 삶의 태도가 지금의 나를 만들었고, 이 나이에도 리더로서 역할을 감당할 수 있게 해주는 힘이 되었습니다.

자기 경영의 세 번째는 목표 관리입니다. 성공한 사람들의 3%는 종이 위에 적은 목표를 가지고 있다고 하였습니다. "인간의 의식은 분명한 목적이 생기기 전에는 목표를 향해 움직이지 않는다." 목표를 실징히는 순간, 성공은 이미 시작된 것이다. "목표를 세우는 순간, 마음의 스위치가 켜지고 에너지가 흐르기 시작하며, 성취를 향한 힘이 현실로 나타나기 시작합니다."

하버드대학교에는 낙제생 제도가 있는데, 낙제생 10명 중 9명이 한국계 학생이라는 이야기가 있습니다. 그 이유는 많은 학생이 '하버드 입학'까지를 목표로 삼았기 때문입니다.

입학 이후의 더 큰 목적과 방향이 설정되지 않았기에 동기와 열정을 잃고 어려움을 겪게 된 것이지요.

강영우 박사는 '우리가 오르지 못할 산은 없다'에서 말했습니다. 목표를 효과적으로 관리하기 위해서는, 단기·중기·장기 목표를 명확히 설정하고, 그 목표를 이루기 위한 실천 계획(Plan)을 세워야 합니다. 즉, 미션과 비전을 이루기 위해 평생 계획부터 연간·월간·주간 계획까지 체계적으로 세우고 그에 따라 하루를 시작합니다.

이와 관련된 흥미로운 사례가 있습니다. 북극제비갈매기라는 새는 체중이 100g에 불과하고 길이도 30cm밖에 되지 않는 작은 새지만, 1년에 무려 지구 한 바퀴 반(70,900km)을 날아가는 세계에서 가장 멀리 이동하는 새입니다.

이 작은 새들이 어떻게 그 긴 여정을 완주할 수 있었을까요? 그 비결은 단순합니다. 쓸데없는 마음과 행동을 버리고 목표만 바라보며 날아간 것입니다. 다른 새와 경쟁하지 않고, 조급해하지 않고, 지름길을 찾지 않으며 자신에게 주어진 능력만큼을 성실하게, 꾸준히 실천한 새만이 목적지에 도달한 것입니다.(출처: 삼성경제연구소 생존전략 프로젝트)

마지막 자기 관리를 위한 가장 효과적인 도구 중 하나는 바로 독서입니다. 교보생명 창립자 신용호 회장은 "사람은 책을 만들고, 책은 사람을 만든다."는 말을 남겼습니다. 그만큼 책은 사람을 성장시키는 강력한 도구입니다. 실제로 많은 성공한 사람들은 독서를 생활화하는 열렬한 독서가들입니다.

　워런 버핏, 일론 머스크, 오프라 윈프리, 빌 게이츠, 마크 저커버그 역시 모두 독서를 통해 끊임없이 배움을 이어가는 사람들이라는 공통점을 가지고 있습니다. 106세 김현석 교수님은 "사람은 공부하는 동안에는 늙지 않는다."고 말하며, 지금도 책을 쓰고 강연을 다니며 현역으로 활동하고 계십니다.

　85세인 김진홍 목사님도 역시 꾸준히 독서를 하고 집필하며, 여전히 강단에서 활발히 활동하고 있습니다. 이처럼 독서는 단지 지식을 쌓는 것이 아니라, 삶을 지속적으로 성장시키고 자신을 관리하는 중요한 수단입니다.

　한국전력공사, 성민네트웍스, 한국콜라 등 여러 기업은 독서경영을 도입해 조직 문화를 개선하고 성과를 높인 대표적인 사례들입니다. "운동할 시간이 없다. 독서할 시간이 없다."는 말은 결국 삶의 균형이 깨졌다는 신호일 수 있습니다. 자기 관리를 잘하려면 운동과 독서 같은 건강한 습관을 삶 속에 균형 있게 배치해야 하며, 그렇게 해야만 진정으로 지속 가능하고 성공한 삶을 살아갈 수 있습니다.

꿈을 이루는 4가지 균형 잡힌 삶
−일터, 가족, 건강, 배움의 조화가 내 인생을 만듭니다

나는 평생 학(學)생으로 살겠습니다.
"나는 누구일까요? 무엇이 '나'일까요? 나는 무엇으로 이루어진 존재일까요?" 이런 질문을 한다고 해서 제가 철학가나 사상가여서 그런 것은 아닙니다. 깊은 담론을 나누기 위해서가 아니라, 삶을 돌아보며 자신에게 던져보는 질문입니다.

누구나 이런 고민 없이 그저 열심히 살아가기만 한다면, 마치 브레이크가 고장 난 자동차처럼 무작정 앞만 보고 달리다 결국 큰 사고를 맞을 수 있습니다. 많은 철학자는 인간의 존재가 단순한 생물학적 과정이 아니라 더 깊은 의미와 목적을 지닌 삶이라 말합니다.

저는 하나님을 믿으며 나름 착하게 살고 봉사활동도 하며 교회도 다니면서 열심히 살았습니다. 학교에 다니는 일은 평범한 사람들에게는 별일 아닐 수 있지만, 저에게는 그렇게 단순하지 않았습니다. 학교에 가려고 할 때마다 늘 예상치 못한 일이 생겨 오랫동안 학업을 이어가지 못했지만, 결국 67세에 박사학위를 취득했습니다.

또 하나의 꿈은 성경적 가정을 이루고, 가족 모두가 함께 교회를 다니며 봉사도 하고 행복하게 살고 싶었습니다. 크게 욕심낸 것도 아닌데 그마저도 이루어지지 않아 왜 그런지 이유도 모르고 속상했습니다. 그러나 시간이 흐른 뒤에는 이유를 알게 되었고 그때 이루어지지 않았던 일조차 하나님께 감사할 수 있게 되었습니다.

어린 시절, 저는 엄마의 사랑을 받지 못하고 자랐지만, 초등학교에 가니 선생님들이 저를 너무 예뻐해 주셨습니다. 부모님의 관심을 받지 못하던 저에게, 선생님들은 "공부도 잘하고 똑똑하다."며 칭찬과 함께 따뜻한 사랑을 주셨습니다.

그런 저를 친구들도 유난히 잘 챙겨주며, 가방을 들어주거나 이것저것 챙겨주기도 했습니다. 친구들의 어머니들 또한 저를 좋아해 주셔서, 친구 집에 놀러 가면 언제나 따뜻하게 맞아주셨습니다. 어느 날, 평소에 코를 훌쩍이며 공부도 잘 못해 기가 죽어 있던 아이가 유난히 신난 모습으로 학교에 왔습니다.

"무슨 좋은 일이 있었니?" 하고 물었더니, 교회에 가서 노래와 무용을 잘했다고 칭찬을 받았다는 이야기를 들려주었습니다. 그 이야기를 들은 저는 괜한 말도 안 되는 편견에 사로잡혀, '저런 아이가 다니는 교회라면 나는 안 갈 거야.'라는 생각을 했고, 그때부터 한동안 교회를 멀리하게 되었습니다.

중학교 입학을 앞두고 어머니가 쓰러지면서 중학교 진학의 기회를 놓쳤고, 야간 중학교에 갈 기회가 있었지만 동네 신문 배달하는 친구가 다니는 학교라는 이유로 결국 포기했습니다.

지금 돌이켜보면, 그 시절의 저를 한없이 어처구니없다고 느낍니다. 천덕꾸러기처럼 살던 꼬마가 학교 가서 공부 좀 잘한다고 칭찬해주니 기고만장해져 있었던 겁니다. 공부의 목적이 배우는 기쁨이 아니라, 칭찬을 받고 싶고, 잘난 척을 하고 싶고, 인정받고 싶었던 것이었습니다.

그런 환경 속에서 학교를 계속 다녔다면, 저는 지금 어떤 사람이 되어 있을까요? 아마도 교만함으로 가득 차, 자신보다 부족한 사람들을 무시하고 상처 주며 살았을지도 모릅니다. 그러나 공부를 제때 하지 못한 경험이 오히려 저를 겸손하게 만들었고, 그로 인해 지금까지 배움을 놓지 않으며 평생 학습자로 살아갈 수 있었습니다. 결국 학교를 제때 다니지 못한 것이 전화위복이 되어 지금의 저를 만들었다는 사실에 감사하게 됩니다.

20대, 결혼 적령기가 되었을 무렵 나는 나름대로 신앙생활을 잘하고 있다고 생각했습니다. 치매 증상이 있는 어머니와 함께 살던 나는 결혼은 애초에 꿈도 꾸지 않았습니다. 그런데도 기회가 주어진다면, 키는 크고 목소리가 좋으며, 대학을 졸업하고 직업은 군인이나 선생님이면 좋겠다는 식으로 막연한 기대를 품고 있었습니다.

하지만 지금 돌아보면, 인생의 또 다른 시작인 결혼이라는 중요한 일 앞에서 정작 하나님께 기도도 하지 않았고, 묻지도 않았으며, 내가 주인 되어 내 마음대로 생각하고 결정했음을 깨닫게 됩니다. 만약 다시 그 시절로 돌아간다면, 이렇게 기도할 것입니다. "하나님, 저를 통해 이루시고자 하시는 가정의 모습은 어떤 것인가요? 어떤 사람과 함께할 때 하나님 뜻을 이루며 서로를 통해 성장하고 행복할 수 있을까요?"

부모는 선택할 수 없지만, 배우자는 기도하며 선택할 수 있다는 것. 그리고 하나님께서 나를 통해 어떤 계획을 이루고자 하시는지를 겸손히 묻고 기다리는 마음으로 준비했을 것입니다. 이제는 압니다.

"하나님 이렇게 해주세요. 저렇게 해주세요."하며 내가 주인 되어 하나님을 마치 종 부리듯했던 그 신앙은 진짜 신앙이 아니었다는 것을요. 내 마음대로 신앙생활을 하면서도 스스로는 잘하고 있다고 착각했습니다.

"엄마가 도와줄까?"라는 말에 "나 뒤, 내가 할 거야!"라고 말하던 다섯 살 아이처럼, 저는 늘 용감하게 제가 주인이 되어 삶을 살아왔습니다. 그런 제게 하나님은 한 치의 오차도 없이 제가 원하던 그런 사람을 배우자로 허락해 주셨습니다. 군인이던 남편은 제대 후 교사가 되었고, 마치 하나님께서 그의 직업까지도 준비해 두신 것 같았습니다. 하지만 그렇게 시작된 결혼 생활은 뜻밖에도 힘든 과정의 연속이었습니다. 그 고된 시간을 지나 마흔, 불혹의 나이에 접어들며 저는 제 삶을 다시 돌아보게 되었습니다.

열심히 살아왔는데, 내 삶이 뭐가 문제일까? 고민 끝에, 저는 한 가지 중요한 깨달음을 얻게 되었습니다. 바로 하나님 안에서 균형 잡힌 삶을 살기 위해 꼭 지켜야 할 네 가지 요소가 있다는 것입니다.

① 일터 ② 가족 ③ 건강 ④ 배움 이 네 가지가 균형을 이뤄야 한다는 것입니다. 여러분은 이 중 무엇을 소홀히 하시나요? 소홀히 한 그것이 결국에는 내 발목을 잡게 됩니다.

특히 많은 아버지는 가족을 부양하겠다는 책임감으로 일터에서 열심히 일하지만, 정작 가족과의 관계에 소홀해져 결국 가족이 마음에서 멀어지는 경우도 있습니다. 반대로, 가족과는 잘 지내지만 일터를 잃고 생계가 막막해지는 상황도 있지요. 또 열심히 일하다가 건강을 잃고, 병원비로 벌어놓은 돈을 다 쓰고 떠나게 된다면 그것 또한 불행입니다. 이 모든 것을 깨닫게 해주는 것이 배움입니다. 배움을 놓아버리면 끝까지 성장하여 꿈을 이루며 성공할 수가 없습니다. 100세 시대에 60대 이후의 삶도 행복하려면 배움의 자세를 가져야 합니다.

일터, 가족, 건강, 배움 이 네 가지는 곧 '나' 자신이어야 합니다. 하나님 안에서 내가 행복하게 꿈을 이루고 살려면 이 네 가지가 균형을 이루며 조화를 이뤄야 합니다.

자녀를 위한 기도를 드리면서, 이 책을 통해 삶이 변화되어 '행복한 엄마, 흔들리지 않는 아이'가 되시기를 바랍니다.

자녀를 위한 기도
−작자 미상

하루하루 살아가면서
바른생각 공손한 말
사려 깊은 행위를 무장하게 하소서.

겸손한 자 되고
지혜롭고 용기있는 자 되게 하소서.

옳고 그름의 분별을 알고 바른 선택을 하며
결정에는 밝은 혜안을 갖게 하소서.

온갖 역경에도 좌절하지 않으며
고난을 이겨내고 평화의 길로 가게 하소서.

삶에서 조급한 생각, 무거운 마음을 떨치고
욕심과 분노, 어리석음을 버리게 하소서.

자연의 이치를 깨닫고
자유로운 마음의 원리를 터득하여
무한한 창공을 느낄 수 있게 하소서.

훌륭한 어른의 말씀에 귀는 착해지고
아름다운 글에 눈은 예쁘게 빛나게 하소서.

착한 생각을 늘 곁에 두고
예쁜 마음을 늘 몸에 지니며
배려와 사랑으로 세상과 더불어 행복하게 하소서

| 에필로그 |

가장 아름다운 동행을 위한 약속

이 책의 마지막 장을 덮으며, 저는 깊은 감사와 함께 한 가지 질문을 마음에 품게 됩니다. "엄마의 행복은 과연 무엇일까요?" 그리고 그 행복이 아이의 꿈에 어떤 마법 같은 영향을 미칠 수 있을까요? 이 질문에 대한 답을 찾아가는 여정은 저에게도, 그리고 이 책을 읽어주신 모든 분에게도 참으로 소중하고 의미 있는 시간이었으리라 믿습니다.

어머니라는 이름은 세상에서 가장 아름답고도 숭고한 존재입니다. 때로는 벅찬 책임감에 어깨가 무겁고, 때로는 아이의 작은 그림자에도 마음 졸이며, 또 때로는 끝없는 사랑으로 모든 것을 내어주는 존재. 우리는 아이를 위해 기꺼이 자신을 희생하는 것이 진정한 사랑이라 여겨왔습니다. 하지만 이 책을 통해 우리는 깨달았습니다. 엄마의 행복이야말로 아이에게 줄 수 있는 가장 위대한 유산이라는 것을요.

엄마의 행복은 단순한 개인의 감정을 넘어섭니다. 그것은 따스한 햇살처럼 아이의 세상을 비추고, 굳건한 뿌리처럼 아이의 꿈을 지탱해 주는 힘이 됩니다. 엄마가 자신의 삶을 사랑하고, 작은 기쁨에도 감사하며, 자신을 돌보는 시간을 가질 때, 아이는 비로소 불안함 없이 자신만의 빛깔을 찾아 나설 용기를 얻습니다. 엄마의 미소에서 아이는 안정감을 느끼고, 엄마의 충만한 마음에서 아이는 세상에 대한 긍정적인 시각을 배웁니다.

우리의 아이들은 엄마의 등을 보며 자랍니다. 엄마가 행복한 발걸음으로 자신의 길을 걸어갈 때, 아이 또한 두려움 없이 자신만의 꿈을 향해 나아갈 수 있습니다. 엄마의 삶이 긍정적인 에너지로 가득할 때, 아이는 그 에너지를 고스란히 받아 자신의 꿈을 키우는 데 활용합니다. 행복한 엄마는 아이에게 '꿈을 꾸는 법'이 아니라 '꿈을 향해 나아가는 즐거움'을 몸소 보여주는 가장 위대한 멘토가 됩니다.

사랑하는 어머님, 이제는 나 자신을 위한 시간을 가져보세요. 잠시 멈춰 서서 내면의 목소리에 귀 기울여 보세요. 내가 진정으로 원하는 것은 무엇인지, 나를 행복하게 하는 것은 무엇인지 찾아보세요. 취미 생활이든, 운동이든, 독서든, 혹은 잠시의 휴식이든, 나를 위한 작은 투자는 결국 아이의 미래를 위한 가장 큰 투자가 될 것입니다. 당신의 행복은 결코 이기적인 것이 아니라, 아이에게 줄 수 있는 가장 값진 사랑의 표현입니다.

이 책이 여러분의 삶에 꿈을 이루는 도구가 되고 행복을 선물했기를 바랍니다. 엄마의 행복이 아이의 꿈을 꽃피우는 가장 아름다운 동행이 되기를 진심으로 응원합니다. 이 세상 모든 엄마와 아이의 삶에 행복과 꿈이 가득하기를 바라며, 이 여정의 끝에서 다시 한번 깊은 감사를 드립니다.

 "어느 날 문득, 하나님께서 제게 특별한 축복을 베풀어 주셨을 때, 저는 이렇게 여쭈었습니다. '하나님, 어찌하여 저에게 이토록 큰 사랑을 주시나이까?' 아래 말씀을 주셔서 감격하여 하염없이 눈물을 흘렸고, 그 깊은 감동은 지금도 제 마음에 깊이 남아 있습니다. 이 책을 읽으시는 모든 분들께도 저와 같은 은혜와 축복이 임하시기를 진심으로 기도드립니다."

 "잘하였도다. 착하고 충성된 종아, 네가 적은 일에 충성하였으매 내가 많은 것을 네게 맡기리니 네 주인의 즐거움에 참여할지어다." (마태복음 25:23)